漫畫老子道德經

周春才◎編著

自序

《老子》與《周易》

《老子》是道家的經典著作，相對於「中國人精神生活主食」的儒家經典《論語》，《老子》則被譽為中國人精神生活的「良藥」。在生存與競爭日益成為我們生活的主要內容、或者當人生或人類的本來意義漸漸淡出我們的視野之際，這樣的比喻無疑是恰當的，也是無需贅述的。

這裡要強調的則是《老子》與《周易》的關係。眾所周知，《周易》是整個中華文化體系的標誌，缺少了這一體系做支持，《老子》的思想就無以昇華，無以成就高於世俗層面的哲學價值。而以《老子》在中國文化中的地位而言，它也不可能游離於《周易》，成為一個孤立的存在。

《老子》上篇講「道」，下篇講「德」，所以又叫《道德經》。

「道」是老子哲學的最高範疇，即事物存在和變化的總規律、推動事物運動和變化的內在力量。「道」的提出說明老子思想有其體系的平臺。

「德」則可以理解為「順道而行」或按「道」的法則去生活，即一事當前，不勉強，不胡來之意，也即老子所主張的「無為」。

那麼數千年來，甚至在老子之前一個相當長的時間裡，中國人是「順」什麼而行、或按什麼樣的法則去「無為」的呢？

如果不牽涉《老子》，我們一般會首肯《周易》是整個中國文化的形而上依據，只是由於老子的一句「道可道，非常道」，才使得我們由於擔心在《周易》這個明顯是「可道」的中國文化之「道」外，還另外有著一個「不可道」之「道」的存在，從而一不小心站到老子的對立面上而貽笑大方，白白地冒天下一個大不韙，所以一般都對其採取敬而遠之的態度，不輕易去觸動它。

應該說，不論承認與否，這個相當於西方哲學中本體概念的「不可道」之「道」確實存在著，但它主要體現於人類對世界或宇宙的總體認識之中，與「可道」之「道」實際上是以捆綁形式存在的，而老子透過將人類視作自然中的一個環節，即「天人合一」的預設，有效地把兩者統一了起來。

所幸，我們在《周易》所系之《辭》中也同樣發現，在「聖人立象以盡意，設卦以盡情偽」之先，也有「書不盡言，言不盡意」之語，即《易經》的創制者也同樣深懷戒懼，自覺地將《周易》這一「可道」之「道」置於「不可道」之中，並同樣透過將人類視作自然中的一個環節（即「天人合一」的預設）有效地把兩者統一了起來。

反觀《道德經》，比照中國哲學史，我們會發現古人，這裡也包括老子本人，他們實際上都是順《周易》之「道」而行、或按《周易》的法則去「無為」的。老子的「道」無疑就是指《周易》所體現的自然法則。

首先，老子的思想絕不可能是空穴來風，無源之水，而只能建構在一個有來由和傳承有序的平臺之上。其次，在「周官失守，文化下移」之前，老子身為「國家圖書或檔案館館長」的職務也使其較同時代的諸子更有可能接觸到具有國家哲學意義的《周易》。

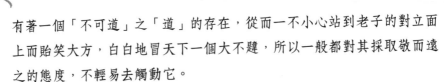

近代以來，或者自從我們以西方文化為尺度，自覺或者不自覺地拿掉這一文化平臺之後，很快發現了這樣一個現象：一個剛開始接觸中國哲學的人，首先遇到的障礙不是語言，而主要體現在古代先哲們表達思想的方式。它們大都非常簡短，相互不連貫，顯得說理不透，缺少鋪墊。

比如以格言形式寫成的《老子》通篇五千言，只相當於一個短篇文章的篇幅，《論語》每個段落也常常只有幾個字，各個章節之間往往顯得沒有關聯，而《莊子》中則更是充滿了許多神奇的寓言和故事。

於是與中國科學一樣，中國哲學也給人以沒有體系的印象，以至於前輩學者每每這樣告誡後人，在涉足中國哲學之前，必要先由西方哲學入手，用以定位。否則我們就不能將老子、孔子等等納入到作為「哲學」的體系之中，和康得、黑格爾們去對號入座，好使他們也成為「哲學家」，並揭示出他們不如後者系統和嚴謹。

由此，中國哲學的思想也和中國的文化與科學一樣，在以形式邏輯和還原論為基礎的西方文明這個唯一座標中，被寬容地定義為單憑直覺的「頓悟」和「天才」的靈光乍現，而所有這些頓悟與發現都沒有體系作支持，進而將其肢解得味同嚼蠟，面目全非，壟斷為與大多數中國人無關的「學術問題」。

就《易經》而言，它是建立在辯證亦即整體論基礎上的一個哲學和科學體系，是整個中國文化的解釋系統與推理模型。

中國辯證科學的成就使中國的哲學家有可能憑藉著這樣一套公共的解釋系統與推理模型而心照不宣，形成一種默契，而沒有必要各起爐灶，在無限延伸的形式邏輯、而不是在辯證邏輯基礎上，建立起一套又一套自己的說理系統，最後發展出西方那樣龐雜的哲學體系。

這其中由於智慧的天賦、博大的胸襟以及職務之便使老子得天獨厚，盡得先機。

對此，清代學者吳世尚在為《莊子解序》作注時，曾做過這樣高度的概括：「《易》之妙，妙於象（即對具象事物所做的功能概括）；《詩》之妙，妙於情。《老》之妙，得于《易》；《莊》之妙，得於《詩》。而大旨歸於《老子》，《老子》則皆本于《易》也。《易》昌於天下之道，羲皇之圖（八卦）盡之。」

由此可見，先秦哲人，起碼是代表中國文化主流的老子、孔子、莊子等等，儘管他們仁者見仁，智者見智，觀點各不相同，但無一不是以《易經》這一公共的解釋系統與推理模型來表達自己思想的。

當然，這個系統常常不是以《易經》本身、而是以其文化的背景或思維方式存在的，特別是在文化和哲學層面上。

就是說，中國哲學是有體系的，並且是一個嚴謹的、已經完成了其理論建樹的體系。造成中國哲學是缺少關聯的堆砌、或者乾脆「沒有哲學」假像的原因，全在於我們沒有恢復《易經》在中國文化中的公理與公設地位所致。

如果說在百年之前，在天人合一和整體論的背景下，這一公理與公設是不證自明的，那麼在百年之後的今天，當我們與天人相分或還原論為基礎的西方文明不期而遇之際，這一公理與公設則需要我們對其進行關於世界觀與方法論層面的求證和概括，否則就只能聽任它像UFO那樣，「神奇」地徘徊於「理性的」抑或「樸素的」紛繁表像之中，在兩種文化常常是並行不悖的下游，雞同鴨講，各說各話。

中國文化的基礎理論是《易經》，《易經》的基礎理論即陰陽五行學說。儘管陰陽五行學說由於久墜風塵，看上去已經不那麼清白了，但是離開了這一學說，中國文化就沒有「博大精深」可言。出於時代的責任感，作者積多年思考和對包括院士在內的相關專家的求證，願意用以下這句話來概括中國文化作為體系的特質，供大家參考，這個體系首先是由「科學」決定的，即中國辯證科學：

陰陽五行學說是在天人合一的世界觀指導下，以勾股定義這一數學公理為支點，用時間和空間為座標，將萬事萬物按其功能（而非具象結構）統一起來的邏輯體系。

作者在其他作品中已一再強調過，所謂「辯證」的，就是關於「整體」的，所謂「整體」的，就是關於「關係」的。而在一個關於「關係」的體系之中，其用以把握事物的著眼點只能是「功能」。「功能」一詞是現代用語，古人稱之為「象」。

以「功能」而不是我們今天已經習慣的結構作為體系的著眼點，是中國文化最易引起「直觀」、「頓悟」乃至「靈光乍現」的誤解所在。天人合一的世界觀與整體論原則決定了中國辯證科學統一場中的基本單位只能是功能，而非結構，因為惟其如此，才能確保事物的自然狀態不被破壞，從而使其自發地達到存在和發展的最佳狀態，因而其最高境界是追求像自然那樣的鬼斧神工，了無痕跡。與老子「無為」的思想一致，在中國文化中，這一法則被稱作「道」，或「天工開物」。

舉例而言，易學體系中的「乾、坤、巽、震、坎、離、艮、兌」符號是對具象的「天、地、風、雷、水、火、山、澤」的功能歸納；就中國辯證科學最具典型意義的中醫來說，其「心為君主之官，肺為宰相之官，肝為將軍之官，脾為倉稟之官，腎為作強之官」之中的「官」則是對五臟的功能描述；中藥中的「寒涼溫熱四氣」與「酸甜苦辣成五味」之說，也都是對動植物、礦物等物質所作的功能概括，並賦予了這些功能以時間和空間的屬性；而在文化範疇內，戲劇中的虛擬，國畫中所傳之「神」、所寫之「意」，以及「天圓地方」之說，它們也無一不是「功能」的另外一種表達方式。

這就是整個華夏文明的可操作與可重複性原則，這一原則從方法論的意義上決定了中國辯證科學同時又是一種自覺的文化行為，而不是缺少自覺意識的純粹生存或本能行為。在數千年的時間裏，它使中國人的行為始終建立在與自然的普遍聯繫之中，有效地維持了中國人心靈的寧靜和完整。

老子崇尚的「道」與「無為」，乃至孔子宣導的「仁」與「禮」都是在這樣一個「相宜」或「自洽」的大尺度空間通過「效法天地」而產生的，以儒道兩家為主流的中國文化也由此獲得了其理性依據。

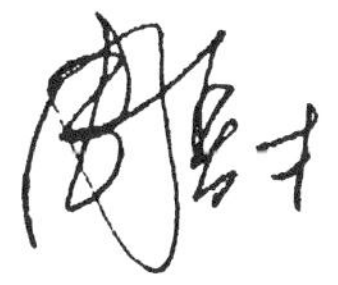

目錄

引　言

《老子》，分為上下兩篇，其上篇講「道」，下篇說「德」，所以又被稱作《道德經》。它是一部用韻文寫成的哲學著作，書中精闢闡述了宇宙萬物的本源和運動規律，並將這一作為「天道」的規律與人道結合起來，用辯證、整體的思維論述了普遍存在於萬事萬物的矛盾及其對立轉化規律，其中涉及治國、議兵和修身等諸多領域。作為人類重要的思想資源，幾千年來《老子》深深地影響著中國，乃至世界……

【老子的身世】

據《史記》的作者司馬遷考證，老子為楚國苦縣（今河南省鹿邑）人，姓李，名耳，字聃，是周朝掌管藏書的史官，職務之便，為其思想的形成提供了得天獨厚的思想資源。
所以我無須像孔子那樣，五十歲以後才開始學「易」。
老子

關於老子的身世，《史記老子韓非列傳》中講他與孔子是同時代的人，年長於孔子。據說孔子曾專程到周都洛陽，向老子學習關於「禮」的知識，《禮記》、《莊子》等典籍中也有老子答孔子問禮的記錄。
司馬遷

老子既然向孔子傳授過這些知識，說明他不會完全否定這些知識，一定是根據「治亂」與「治平」的原則，老子告誡孔子說：「您所崇尚的禮，制定它的人早已死了，只有他們的言論還在。明智的人只有條件具備時才去推行它，時機未到時就應當隱居起來。

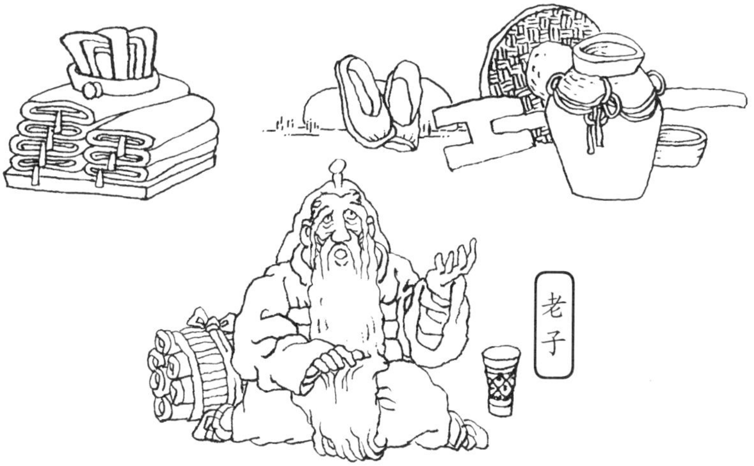

我聽說，會做生意的人深藏貨物，看上去好像什麼也沒有，具有很高道德修養的君子卻貌似愚鈍。

除去您的驕氣和過多欲望，丟掉您雍容華貴的風度和過高的志向吧！這些對於您都沒有好處。我所要告訴您的，就這些罷了。」

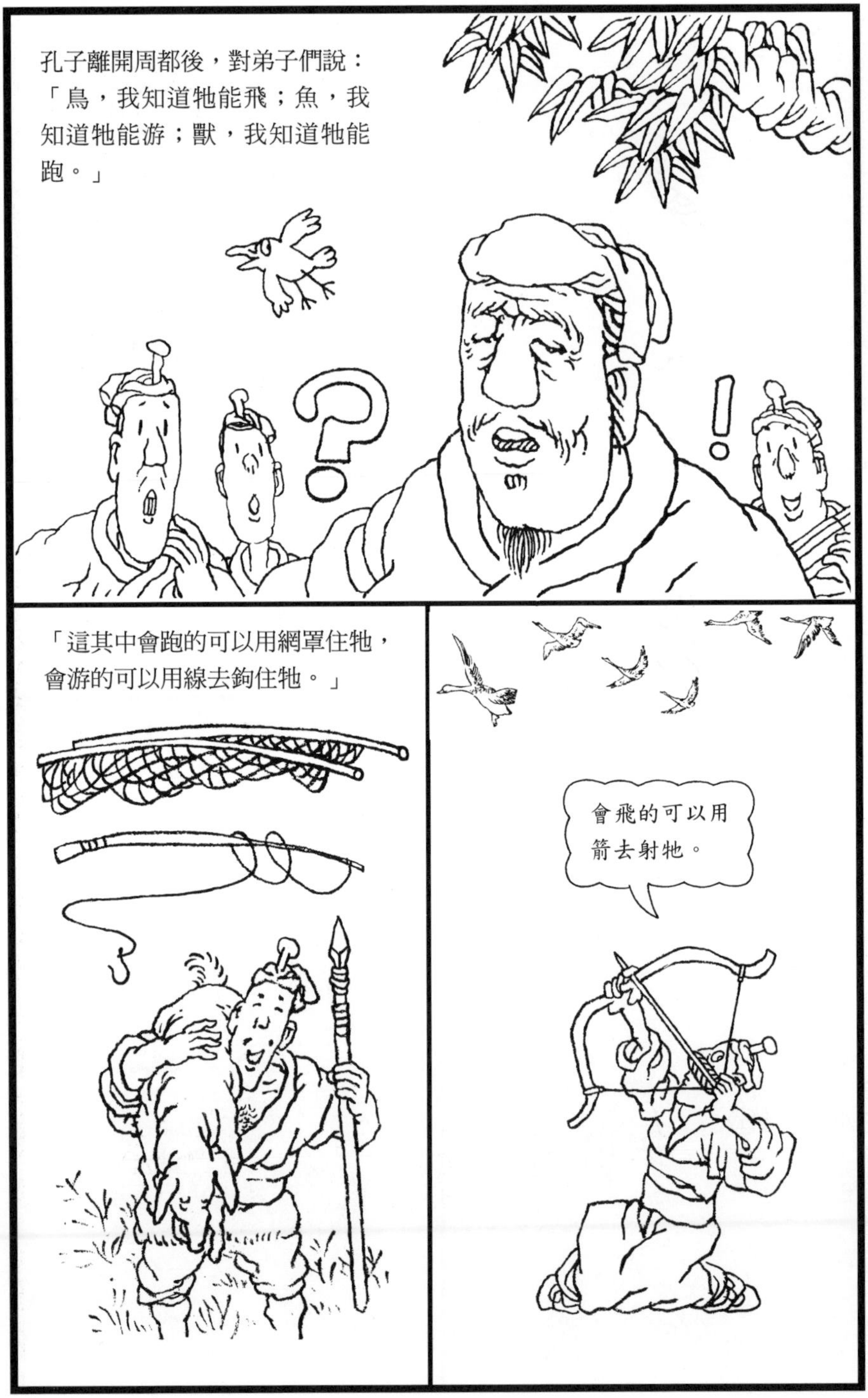
孔子離開周都後，對弟子們說：「鳥，我知道牠能飛；魚，我知道牠能游；獸，我知道牠能跑。」
「這其中會跑的可以用網罩住牠，會游的可以用線去鉤住牠。」
會飛的可以用箭去射牠。

至於龍，我就無法把握了，因為牠是乘著風雲而上天的。我今天看到老子，他大概就像一條龍吧！

老子一生致力於道德研究，隱祕而不求揚名。

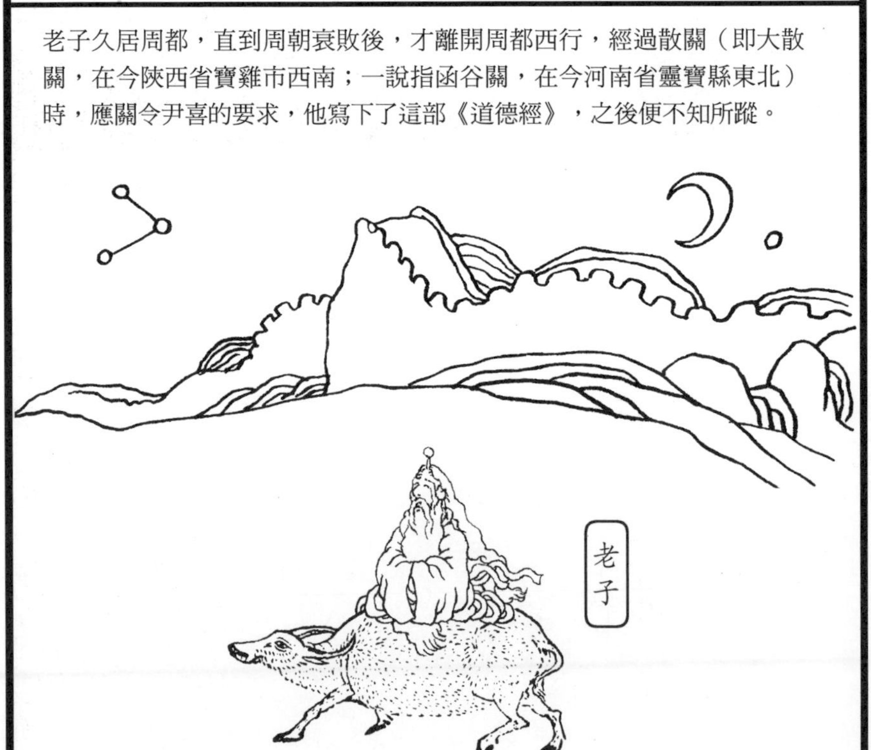
老子久居周都，直到周朝衰敗後，才離開周都西行，經過散關（即大散關，在今陝西省寶雞市西南；一說指函谷關，在今河南省靈寶縣東北）時，應關令尹喜的要求，他寫下了這部《道德經》，之後便不知所蹤。
老子

【老子學說的文化淵源】

西元前700年前後，在世界的範圍內，人類差不多均已邁入了鐵器時代。就本質而言，鐵器的應用，在人類的發展史上是具有決定意義的，它使人類真正獲得了從自然中掙脫出來的可能與力量，這種力量由此對人類的自身屬性形成了強烈的扭曲與誘惑。

伴隨著生產力的提高、新興利益集團的出現，中國進入到了禮崩樂壞、信仰危機的春秋戰國時代。周天子對國家的控制這時已名存實亡，在利益的驅使下，諸侯國之間爾虞我詐，相互傾軋，天下為之板蕩。

結束這種板蕩，給出解決之道，成為這一時期每一個有膽識、有良知、有責任的知識分子無可回避的首要命題。只不過在回應這一現實與緊迫的問題之餘，文化的背景使中國的先哲沒有忽略這樣一種更大尺度的思考，即人類全部努力的最初動機與最終目的是什麼？

人類全部努力的最初動機與最終目的是什麼？

老子
孔子
以儒道兩家為標誌，宣導「和諧」與「無為」的中華文化就是在這樣的背景和爭鳴中產生的。

需要強調的是，作為人類文化史上的一個重要軸心，中華文化的形成絕非空穴來風，而是由來有自，一直可以追溯至與黃帝或五帝相對應的龍山文化早期。正是在這個時期，中國文化「天人合一」的宇宙觀和以功能（而非結構）作為取向的文化選擇機制得以形成。

起碼至西周時期，這種「天人合一」的宇宙觀和以功能（而非結構）作為取向的文化選擇機制以《周易》為標誌，已經完成了其理論建樹。而影響中華文化數千年之久的「道統」，也是在這一理論指導下，以「禮樂」的形式，在此時形成定制的。

作為整個中華文化形而上的依據，《周易》是古代先哲對宇宙萬物總體把握和終極思考的結晶，僅就其形式的完美和邏輯的嚴謹而言，《周易》已經達到了盡善盡美、令後世無從超越的高度。所有的跡象都表明，儘管史稱春秋戰國意識型態活躍，但是仁者見仁，智者見智，其「爭鳴」基本都是在這一平臺上展開的。

一部《周易》，諸子百家各自表述。

此為「河圖」、「洛書」乃至整部《易經》的形象化標誌——太極圖。

其中，河圖為整個中華文化提供了宇宙的完整模式圖，洛書給整個中華文化揭示了宇宙中「宏觀與微觀動力模型的最簡單形式」，而《周易》六十四卦則構成了整個中華文化的邏輯方陣。中華民族正是以此作為解釋系統與推理系統，締造了世界上最繁榮、最穩定和最悠久的生態文明。

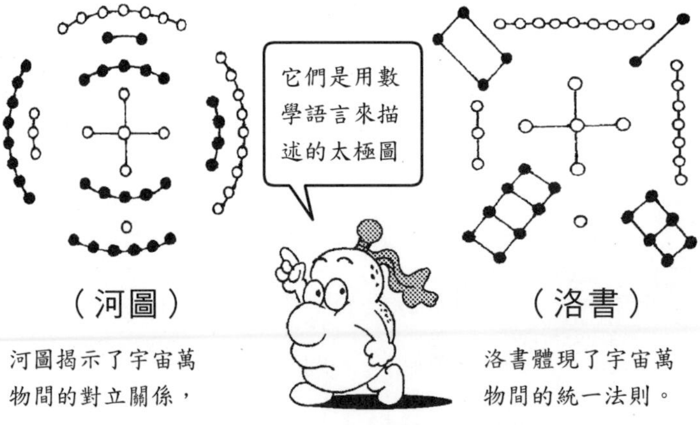

河圖揭示了宇宙萬物間的對立關係，

洛書體現了宇宙萬物間的統一法則。

職務之便使老子較同時代的諸子更有可能熟知《周禮》，那麼《老子》一書的內容則表明，他同樣也會較同時代的諸子更有可能深諳《周易》。

【「道」是否可道？】

在歷史的抉擇中，作為中華文化道統的《周禮》需要有人傳承，作為中華文化形而上依據的《周易》也同樣需要有人作出論證（包括《老子》及《老子》之後成書的《易傳》）。

如果說孔子透過述而不作完成了前項使命，並得到人們一致公認的話，那麼老子對「道」的詮釋和「無為」的主張使我們有理由得出這樣一種符合邏輯的推想：《老子》一書實際上是最早從「天道」，也即從哲學和宇宙發生學的高度，對《周易》所作的全面闡釋與應用。博大的胸襟、智慧的天賦，以及職務之便使老子最有條件擔負起這一使命。

為此，我們在這裡將《周易》和《老子》的思想作一簡要比對，這種比對主要體現在二者的解釋系統與推理系統之中。

為了回答終極訴求問題，人類需要一個解釋系統；為了處理具體問題，人類需要一個推理系統。在中華文化中，《周易》就起著這樣的作用。
道德經
周易

所謂的「解釋系統與推理系統」，實際上也就是一般意義上的世界觀與方法論。其中世界觀也稱「宇宙觀」，它是指人們對於整個世界的根本看法，包括人對自然、社會、對自身命運與價值的認識；

方法論則是關於認識世界和處理問題的基本法則，它與世界觀暨對世界的解釋系統是一致的。一般而言，對世界的根本看法怎樣，觀察、研究和處理問題的根本方法就將怎樣。

綜觀《周易》，其世界觀認為，宇宙興衰的功能完全出於自然，人類作為其中的一分子，只能自覺地效法這一精神，而無出其外。即人類在宇宙中的特定地位使其只有按照自然所賦予的屬性去生活，而不應、也不可能去主宰它。

人應該模仿自然，而不是替代上帝……

老子則說：「道可道，非常道；名可名，非常名。無，名天地之始，有，名萬物之母。」（見本書第一章）

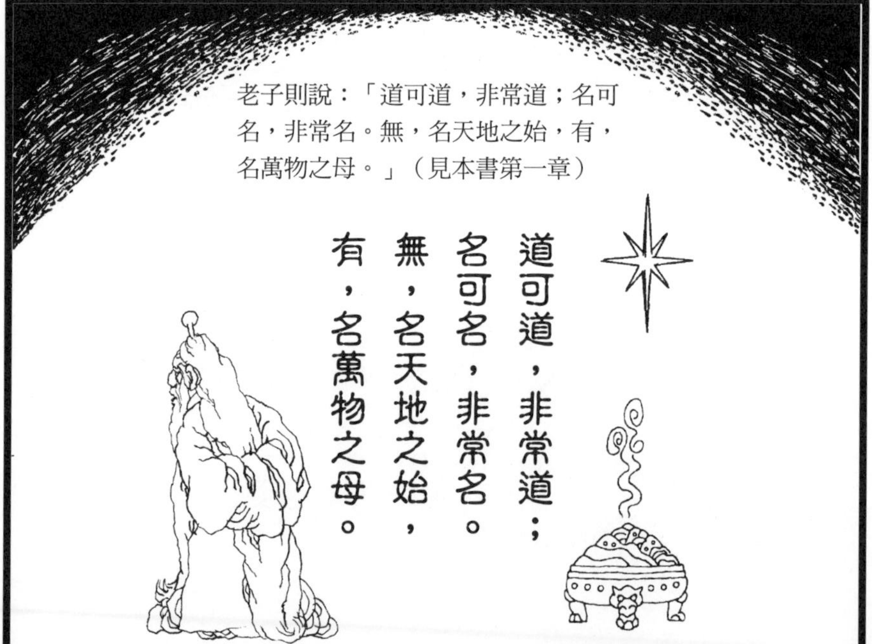
道可道，非常道；
名可名，非常名。
無，名天地之始，
有，名萬物之母。

即：可以用言語表述的「道」，它就不是道本身；可以用言語說出的「名」，它就不是名本身。無形無名是天地的起始，有形有名是萬物的根源。

就是說，如果我們把「道」定義為宇宙的本體，或者事物存在和變化的總規律、體現著推動事物運動及變化的內在力量——它無所不包、無所不在，而人類註定只是這個「本體」的一部分的話，那麼「道」一定是不可道的，否則就如同叫一個站在十字路口的人，同時邁向四面八方，或者讓我們像上帝一樣，把自己憑空地揪離地面，陷入邏輯悖論之中。

即「不可道」是一切「可道」的平臺，或是人類必須面對的現實與背景。

在此，老子實際上是透過與自然平行，即「與天地準」的定位，為《周易》「天人合一」的宇宙觀作出了不可或缺的鋪墊，從而將「可道」的《周易》和「不可道」的自然有機地銜接在一起了。

易與天地準，
故能彌綸天地之道。
——《易·大專》

「同於道者，道亦樂得之；同於德者，德亦樂得之。」（〈老子二十三章〉）《周易》這個「非常道」由此與不可言說的自然之「道」不期而遇，完成了其理論建樹，從而奠定了其在整個中華文化中的「放之四海而皆準」的地位。

道可道，非常道；名可名，非常名

當我們對老子的學說作出如上詮釋時，我們是將老子「非常道」和「非常名」的「常」還原作「恒」來講的，因為現行本之「常」是為避漢文帝劉恆之諱而改。「恒」一意即「全」。

【我們看得到、摸得著的一切從何而來？】

那麼是什麼構成了「道」？「道」的基本物質是什麼？或者說我們看得到、摸得著的一切是從哪裡來的呢？

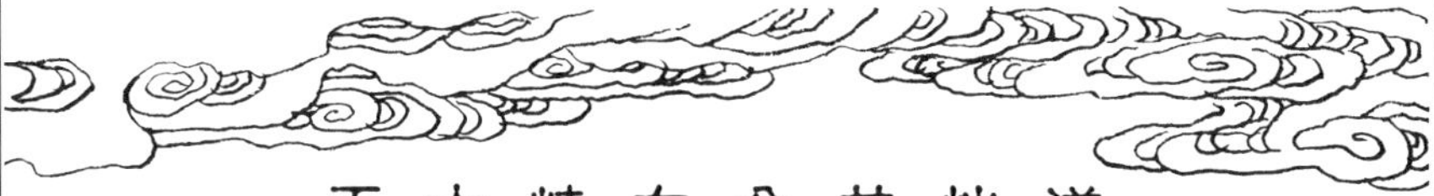

道之為物，惟恍惟惚。惚兮恍兮，其中有家；恍兮惚兮，其中有物，窈兮冥兮，其中有精，其精甚真。其中有信，自兮及古，其名不去，以閱眾甫。吾何以知眾甫之狀哉？以此。

《老子・二十一章》

如果我們認為這個「此」是構成宇宙的基本元素的話，那麼依照老子的以上描述，並反觀中國哲學以及科學史，我們就會發現，這個「此」無疑是指在整個中華文化中具有宇宙發生學意義上的「氣」。

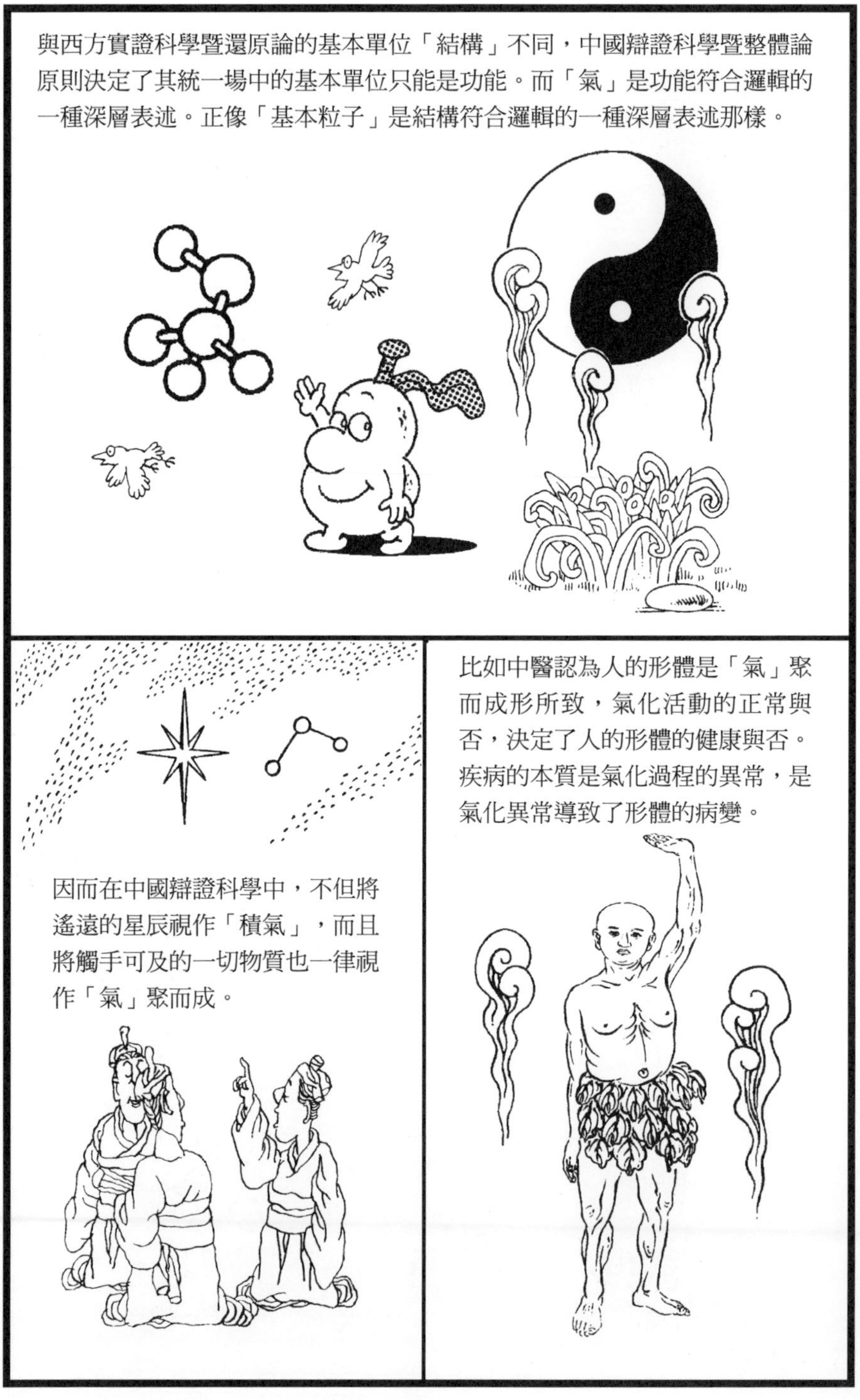
與西方實證科學暨還原論的基本單位「結構」不同，中國辯證科學暨整體論原則決定了其統一場中的基本單位只能是功能。而「氣」是功能符合邏輯的一種深層表述。正像「基本粒子」是結構符合邏輯的一種深層表述那樣。
因而在中國辯證科學中，不但將遙遠的星辰視作「積氣」，而且將觸手可及的一切物質也一律視作「氣」聚而成。
比如中醫認為人的形體是「氣」聚而成形所致，氣化活動的正常與否，決定了人的形體的健康與否。疾病的本質是氣化過程的異常，是氣化異常導致了形體的病變。

故中醫有「百病生於氣也」、「氣有不調之處，則病本所在之處也」、「大凡形質之失宜，莫不由氣行之失序」之說。《黃帝內經・靈樞》篇則有「夫十二經脈者，人之所以生，病之所以成，人之所以治，病之所以起，學之所始，工之所止也」之說。

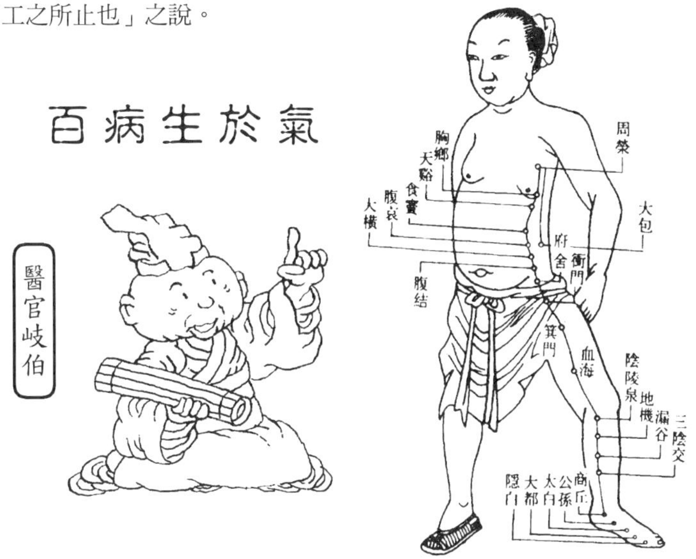

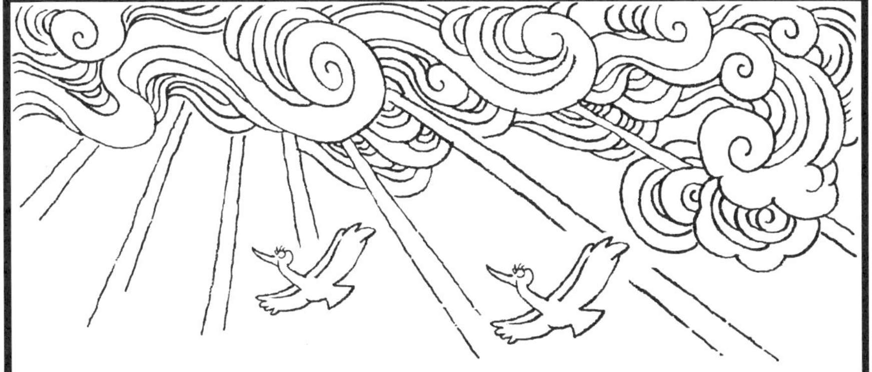

「氣」即「一」，後世又稱之為「太乙」或「太一」。也即老子「一生二，二生三，三生萬物」中的基本物質。事實上，不只是道家，自古以來，這幾乎可以說也是諸子的共識，即我們所看得見、摸得著的一切無不統一於這「一元之氣」當中。

【「有」與「無」】

「氣」的這種特質使我們做出更多的聯想，當我們翻開較大型的辭典時，會發現「氣」有兩種寫法，即「氣」與「炁」。一般意義上，它們同音同義，但在道家學說中，它們則是指語義不同的兩個字。如養生家的「以炁存神，以氣存形」的概念。

這裡的「炁」專指無形的先天之氣，「氣」則為有形的後天之氣，而「氣」由「炁」所生，它們互為體用，滋養著人的「神」與「形」。這使我們有理由將「炁」引申為老子在《道德經》中在闡釋宇宙的本體時所說的「無」。因為在老子的學說中，「無」並不是指什麼都沒有，而是對「先天之氣」──「炁」的一種「非常」描述。

天下萬物生於有，有生於無。

──《老子》四十章

「無」並不是指什麼都沒有，因為一個什麼都沒有的宇宙也即一個沒有「觀察者」的宇宙，而一個沒有「觀察者」的宇宙是沒有意義的宇宙。

以「功能」及其符合邏輯的深層表述——「氣」作為認識和把握事物的著眼點是中國辯證科學的特點，這與中華文化的宇宙觀是一致的，因為唯其如此，才能確保事物的自然狀態不被破壞，從而使其自發（「無為」）地達到存在與發展的最佳狀態。人類與自然的普遍聯繫也由此不致被人為割裂。

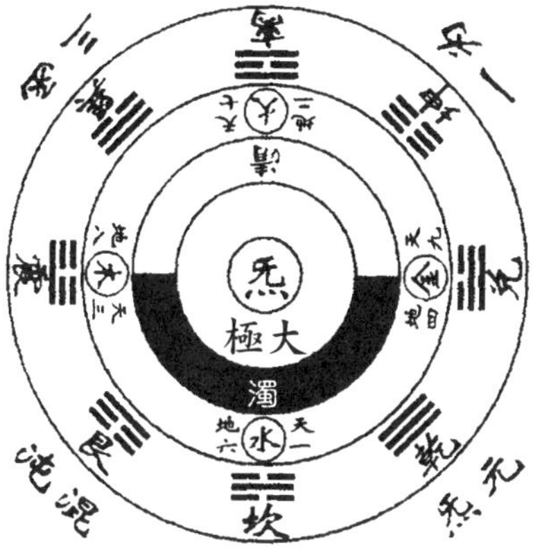

《道藏·道妙惚恍之圖》

所以從方法論來說，《周易》是以勾股定義為支點（或公約），用時間和空間將萬事萬物按其功能（而非具象結構）統一起來的邏輯體系。

分類	內容 \ 臟象五行	肝象木	心象火	脾象土	肺象金	腎象水
天象	方位	東	南	中	西	北
	季節	春	夏	長夏	秋	冬
	氣象	風	熱	濕	燥	寒
	星宿	歲星	熒惑星	鎮星	太白星	辰星
地象	五畜	雞	羊	牛	馬	豕
	五穀	麥	黍	稷	穀	豆
	五色	青	赤	黃	白	黑
	五味	酸	苦	甘	辛	鹹
人事	五臟	肝	心	脾	肺	腎
	五音	角	徵	宮	商	羽
	五官	目	舌	口	鼻	耳
	五體	筋	脈	肉	皮毛	骨
	五液	泣	汗	涎	涕	唾
	七情	怒驚	喜	思	悲傷	恐

反映在《老子》一書中，則是其無處不在的「無為」思想。

我們已經無從知道《老子》一書何以沒有直接提到《周易》和「氣」，但是二者間緊密的內在聯繫和其後的事實都充分證明，「道」與「此」只能是這兩者。而恰恰由於有了這兩者作為中華文化的依據和平臺，老子乃至諸子的辯證法才得以擺脫「經驗」和「直觀」的訛稱，轉而以其體系的意義，自立於世界文明之林。由此，老子從哲學和宇宙發生學的高度，完成了對《周易》的質詢與論證。

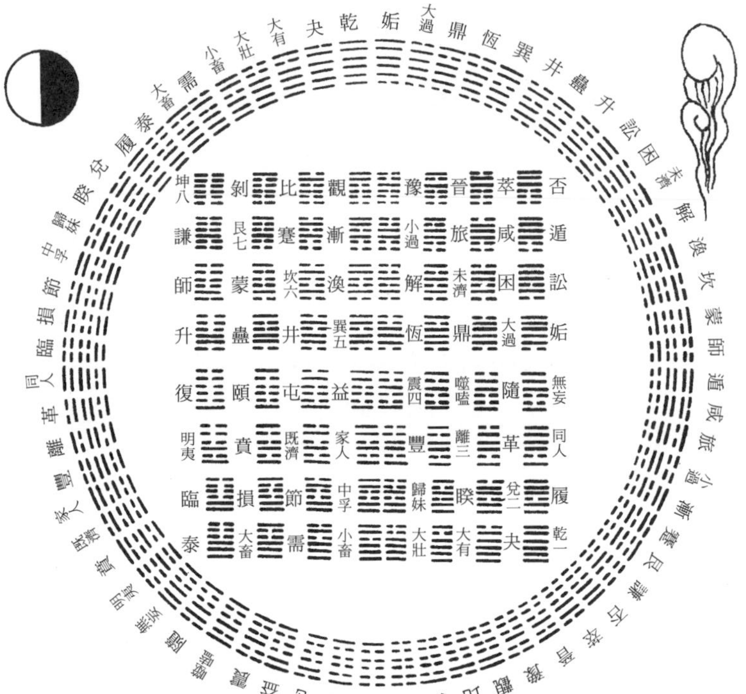

《易經》六十四卦象方圓圖

如果說，人類活動的最初動機與最終目的不過是為了心靈的寧靜和完整，那麼只有那種完成了其理論建樹的文化才能滿足這一需求，給出我們一個相宜的、自洽的原則。而數千年的中華文化和儒道學說給我們提供的正是這樣一種文化的原型和理論。

人類天生就是一種文化生物，人的本能驅力和自身所受到的文化、責任約束所產生的克制構成一種平衡。這種平衡一旦被打破，人類便會迷失理性，失去自信與從容。

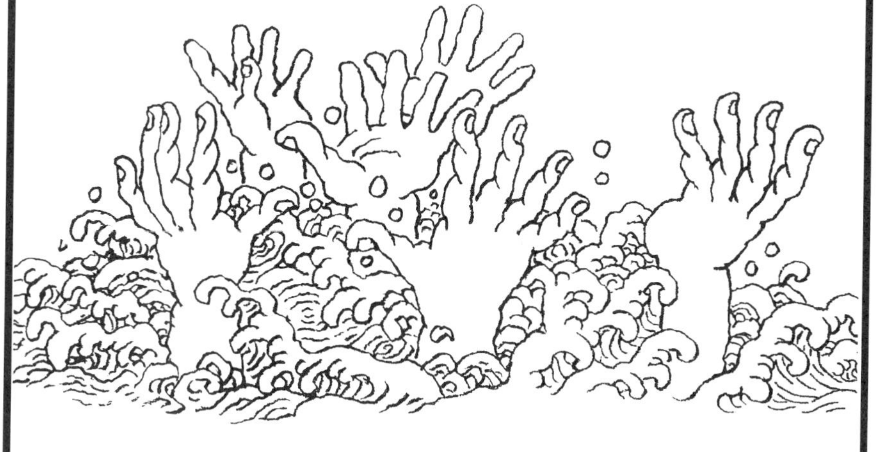

我們之所以常常又把中國辯證科學或文化說成是「樸素的」、「直觀的」，是由於我們這時的依據已是「天人相分」，而不是「天人合一」。並假設「天人相分」一定比「天人合一」更理性、更「科學」。

天人相分
它所派生的文化及其價值觀更具有「普遍」意義。

這時候我們似乎已經全然忘記了，在一個足夠大的尺度空間中，「天人相分」對「天人合一」而言，無論如何都是一種非常態的短期行為。而非常態的短期行為所派生出的文化及其價值觀只能是有限的，不可能具有普遍意義，並且常常只具備烏托邦的意義。

「小國寡民」與「大道廢，有仁義」概念是作為一個說理原型提出的

小國寡民，使有什伯之器而不用，使民重死而不遠徙。雖有舟輿，無以乘之，雖有甲兵，無所陳之。使人複結繩而用之。（《老子》八十章）

「小國寡民」是老子最具爭議的概念之一，一般被指為消極的復古倒退思想，不具備現實意義。但是當我們將其放到整個天下的尺度、特別是放到易學的平臺中來審視時，就會發現這一理念實際上具有著「無為而治」、或相宜與自治的原型意義。而數千年悠久、繁榮和穩定的中國文化則是這一學說合適的註腳。

小國寡民

依照老子的原意，我們可以理解這裡的所謂「小國」不應該是人為的，或受規模限制的，而應該引申為由於地理環境和歷史文化等原因形成的國家，即「自然國家」。

歷史證明，只有將「什伯之器」、「舟輿」和「甲兵」統一於這一相宜與自治的最簡單形式之中，人類才有可能「甘其食，美其服，安其居，樂其俗」（《老子》八十章），從而實現社會的和諧和快樂。

因此將老子思想稱作是消極的復古倒退思想是值得商榷的。老子思想與孔子思想一樣，都在追求人的安然、快樂，或者心靈的寧靜與完整。

事實上，儒家學說中關於「禮不往教」的重要理念、乃至現代中國關於國與國關係的基本原則也無不可以回溯到這樣一個原型之上。

就是說，即使是在物換星移的今天，這一理念也不失為可供人類抉擇的重要思想資源。

「禮不往教」，即不把自己的文化或價值觀強加給別人。

而老子關於「大道廢，有仁義；智慧出，有大偽；六親不和，有孝慈；國家昏亂，有忠臣」（十八章）的主張也無不立足於具有現實意義的「仁義」、「智慧」、「六親」、「孝慈」乃至「國家」與「忠臣」之上，並以其「見素抱樸」的「真仁真義」有效地維繫著儒家學說在實施中不致走向異化。

人們常說的「儒道互補」、「儒道並沒有本質的衝突」的依據也在於此。

【中華文化是由儒家與道家共同構成的】

中華固有文化主要由儒道兩家構成，其中儒家思想為人們提供了生活所必須的精神食糧，而道家為人們提供的則是同樣生活所必須的精神良藥。它們共同為中國人提供了一個在「家」裡解決問題的方案。

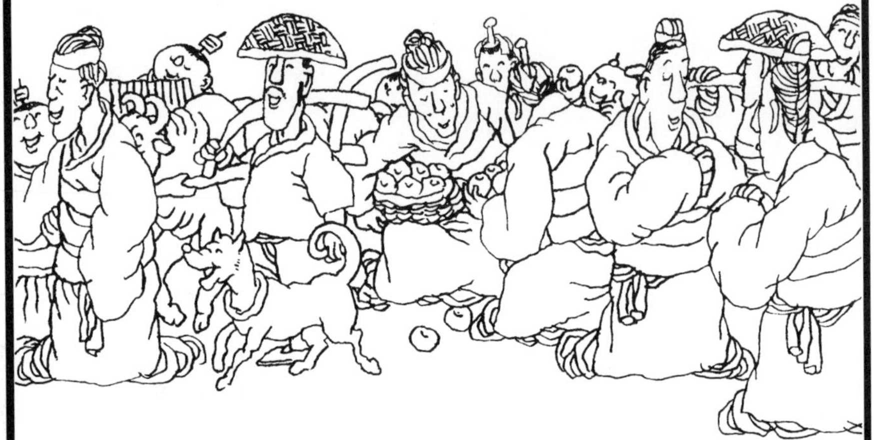

儒家主張有為，道家強調無為，不論有為還是無為，其核心都是如何遵循「道」的法則，達到人格的提升與完善，主張合作，反對對抗，從而共同構築了大尺度的中華文化。

上善若水，
水善利萬物而不爭。
天行健，
君子以自強不息。

【何謂「道」？】

《老子》的內容主要是講「道」和「德」，其中「道」在全文五千多字中，一共出現了七十四處之多。

道
老子
「道」的本義是具體道路。《說文》：「道，所行道也。」《爾雅釋詁》：「道，直也。」

引申而言，順路而行也稱「道」，或叫「得道」、「有道」。進一步，萬物生死化收藏的內在規律亦稱「道」。所以《莊子・繕性》中說：「道，理也。」《韓非子・解老》則說：「道者，萬物之所然，萬理之所稽也。」《釋名》中又說：「道，導也，所以通導萬物也。」

「道」由「首」（首領、頭腦、人）和「走」組成，含意可理解為「首領走過的地方」或「頭腦的思路」。

而在老子的學說中，「道」更上升至形而上的高度，成為其思想體系中的最高範疇。即事物存在和變化的總規律，也是推動事物運動和變化的內在力量。

同時又用「道」來指稱萬物的本源，並認為「道」是超越時空界限，永遠獨立運行，不改變形跡，是創造和養育萬物之母（見《老子》第一章）。

按照老子的觀點，人是以地為依據，地是以天為依據，天是以「道」為依據，而「道」是以自然為依據。就是說，天是以事物自身的內在規律來決定自身的存在與運動，而不是靠其他力量，比如「神」的力量。

人法地，地法天，天法道，道法自然。

在中華文化的背景下，神與人和萬物一樣，無不服從於「道」的原則。正是由於「道」的作用，天才能清晰明亮，地才能安寧穩定，神才能靈驗有效，山谷才能充盈有生氣，萬物才能生長發育，君王才能一統天下。

【何謂「德」？】

《老子》一書的下篇為「德」，全文提到「德」的，也有四十四處之多。按照老子的觀點，如果說「道」指無意志無情感，是事物運動發展的總規律，那麼「德」就是要使人類的一切行為都順其自然，而不率性強求，即「無為」。

「德」之本字，在甲骨文中從直從行，與今天的「循」字形近，為「示行而視之之意」（聞一多語）。

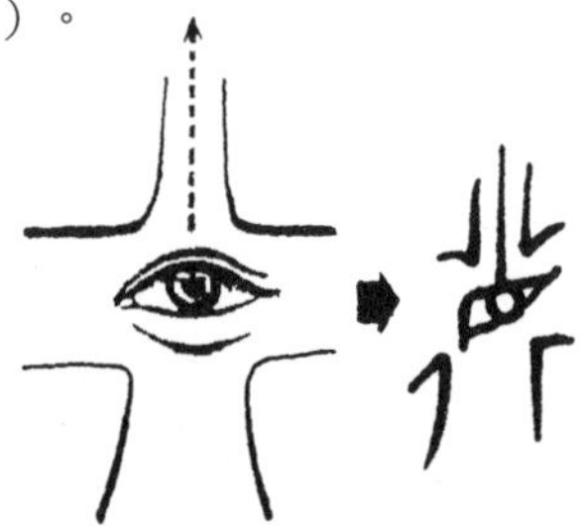

以下考證轉引自何新《道德詁義·釋德》。

而《集韻》訓「值」與「陟」為同字，「從彳，直聲。直猶正也，當也。」直字古音讀如德、得。《集韻》：「陟，得也。」即「值」是德之初文，而正直是德之初義。清錢大昕也說：古無舌上音，故直讀如特。德直上古同音，之後化為二音。其中德今讀乃直之古音，而直則變為今之讀音。

《莊子・大宗師》：「以德為循」，尚存古義。但其後德之形與義變化甚大。其字本義今存於晚出的「巡」字中，如《說文》解為：「巡，延行克。」

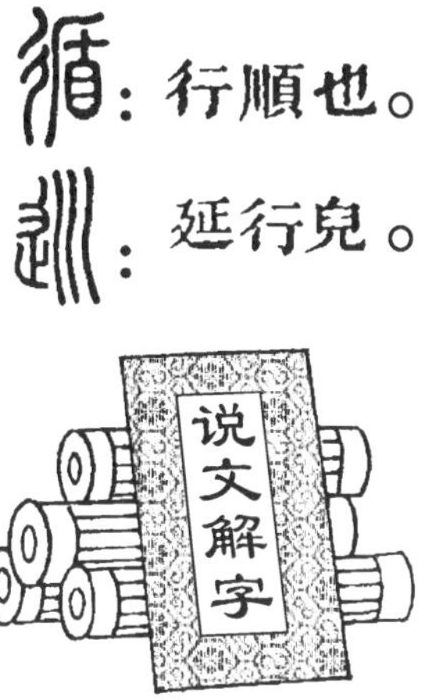
行順也。
延行皃。
说文解字

其字形在西周則演變為「德」，其義又大變。最可注意的，是字中增入了「心」符。

《左傳桓公十六年》：「在心為德。」《周禮師氏》注：「德行，內外之稱。在心為德，施之為行。」

在心爲德
施之爲行

《管子・形勢篇》：「德義者，行之美者也。」《四時篇》：「德者，賢人所修。」

總之，德之初義在殷商本為視巡或正視而行，自周代起開始引申、轉義為正直善美心性之稱。

道德二字，就其本源而言，皆取義於行路，周代起始引申為衡量人事的判斷標準，如將順行稱作「有道」，逆行叫做「無道」。正直之行稱「德」、「明德」、「正人」，而邪曲之行則叫「昏德」、「邪人」或「奸邪」。
正人
奸邪

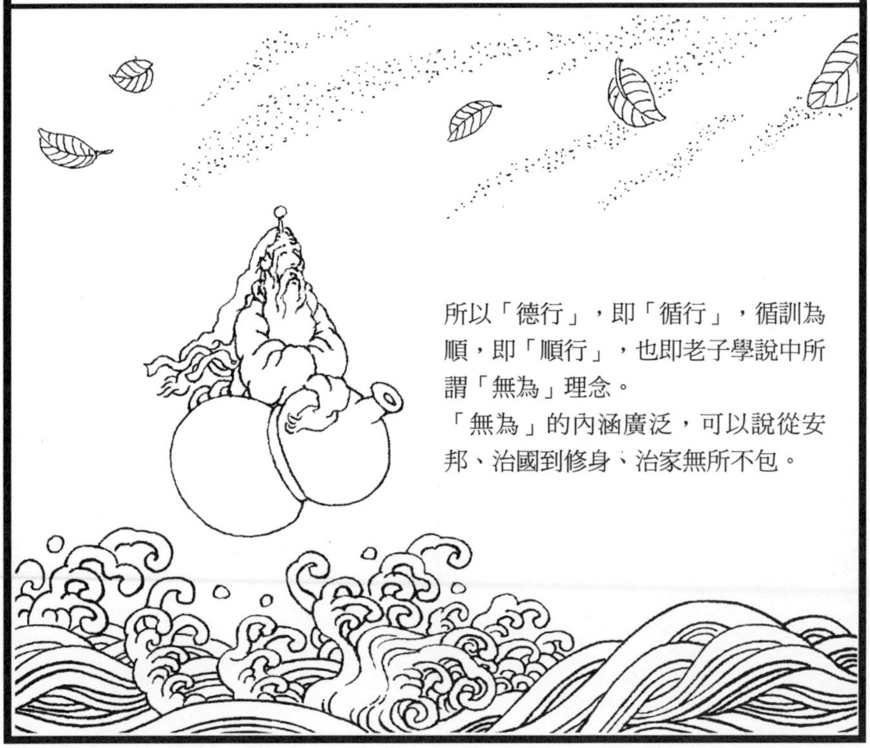
所以「德行」，即「循行」，循訓為順，即「順行」，也即老子學說中所謂「無為」理念。
「無為」的內涵廣泛，可以說從安邦、治國到修身、治家無所不包。

所謂「無為」，並不是指無所作
為，更不是指什麼都不做，而是
說要按自然規律去做，一事當
前，不勉強，不胡來。
因為只有這樣，才能「無為而無不
為」。「德」的力量強大，君王掌
握了它，天下就會自願向他歸順。
聖人掌握了它，就能沒有過失。
普通人掌握了
它，則足以安
身立命，獲得
自信與從容。

老子圖典

上篇

道

道可道，非常道；名可名，非常名。無，名天地之始，有，名萬物之母。

第一章

道可道，非常道；名可名，非常名。無，名天地之始；有，名萬物之母。故常無，欲以觀其妙；常有，欲以觀其徼，此兩者，同出而異名，同謂之玄，玄之又玄，眾妙之門。

「道」可以說得出它的具體形狀的，那麼它就不是永恆不變的「道」了。
「名」可以講得出它的具體特徵的，那麼它就不是永恆不變的「名」了。

「無」，它是天地的開端，因為有了它，天地才得以開始；「有」，它是萬物的根本，一旦有了它，萬物才得以生成。
無
有

所以說，經常處於「無」，為的是觀察天地的奧妙；
老子

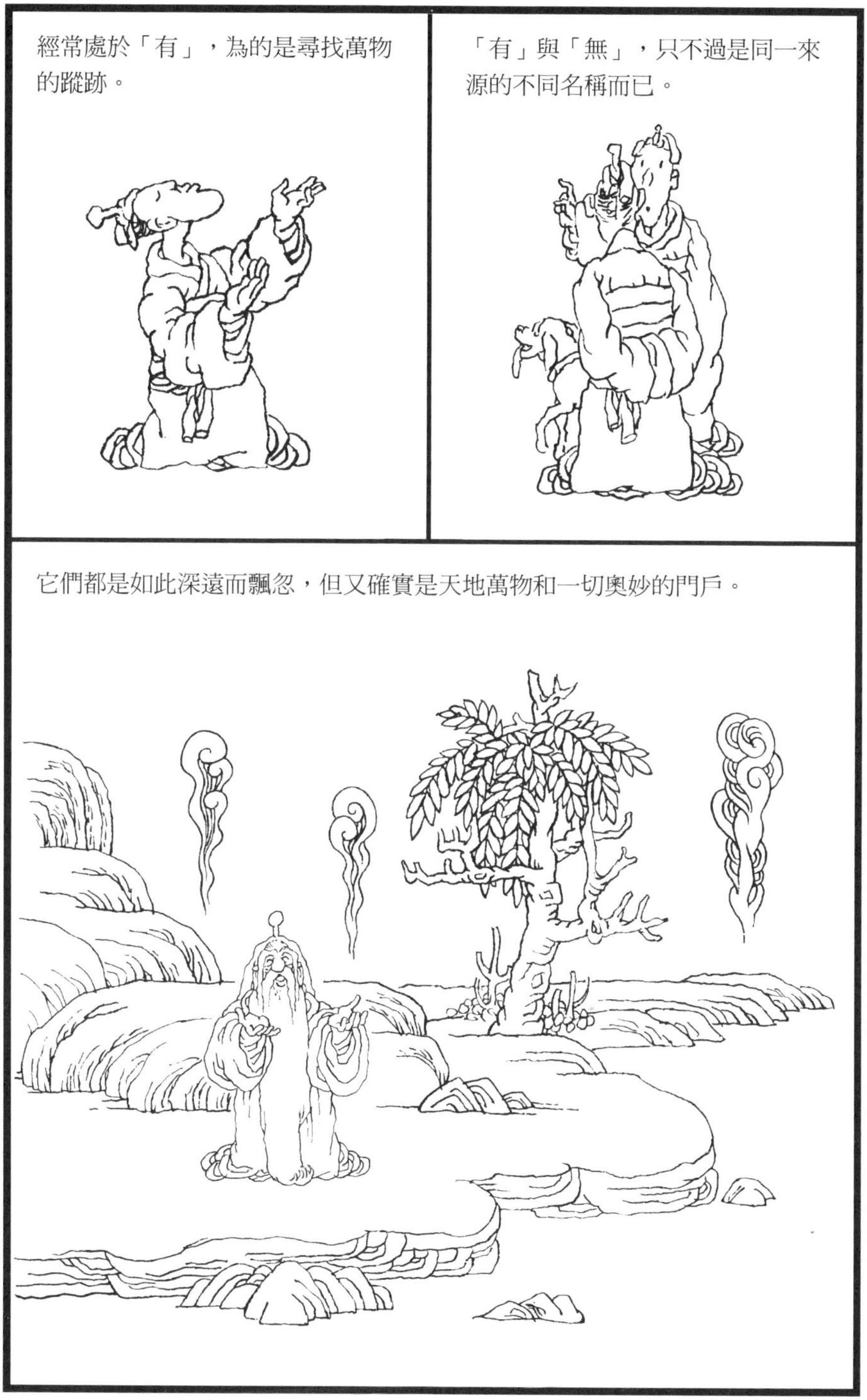
經常處於「有」，為的是尋找萬物的蹤跡。
「有」與「無」，只不過是同一來源的不同名稱而已。
它們都是如此深遠而飄忽，但又確實是天地萬物和一切奧妙的門戶。

第二章

天下皆知美之為美，斯惡己；皆知善之為善，斯不善己。故有無相生，難易相成，長短相形，高下相傾，音聲相和，前後相隨。是以聖人處無為之事，行不言之教；萬物作焉而不辭，生而不有，為而不恃，功成而不居。夫唯弗居，是以不去。

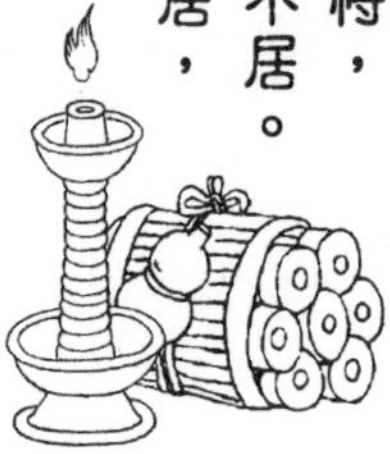

世上的人都知道什麼是美的時候，醜的概念也就產生了；

世上的人都知道什麼是善的時候，惡的概念也就產生了。

有了「有」，才產生「無」，有了「無」，就產生了「有」，「有」和「無」互相對立而發生作用。

感到了什麼是困難，才懂得什麼是容易，懂得了什麼是容易，就感到了什麼是困難。困難和容易是互相對比中發生的。

長和短，互相比較才能得以體現；高和下，互相對照後才能得以區分。

音和聲，由於對立中有統一才能產生和諧。

前和後，彼此透過排列才能有秩序。

因此，聖人用「無為」的自然法則來對待世事，而不是靠一天到晚發號施令來推行自己的主張。

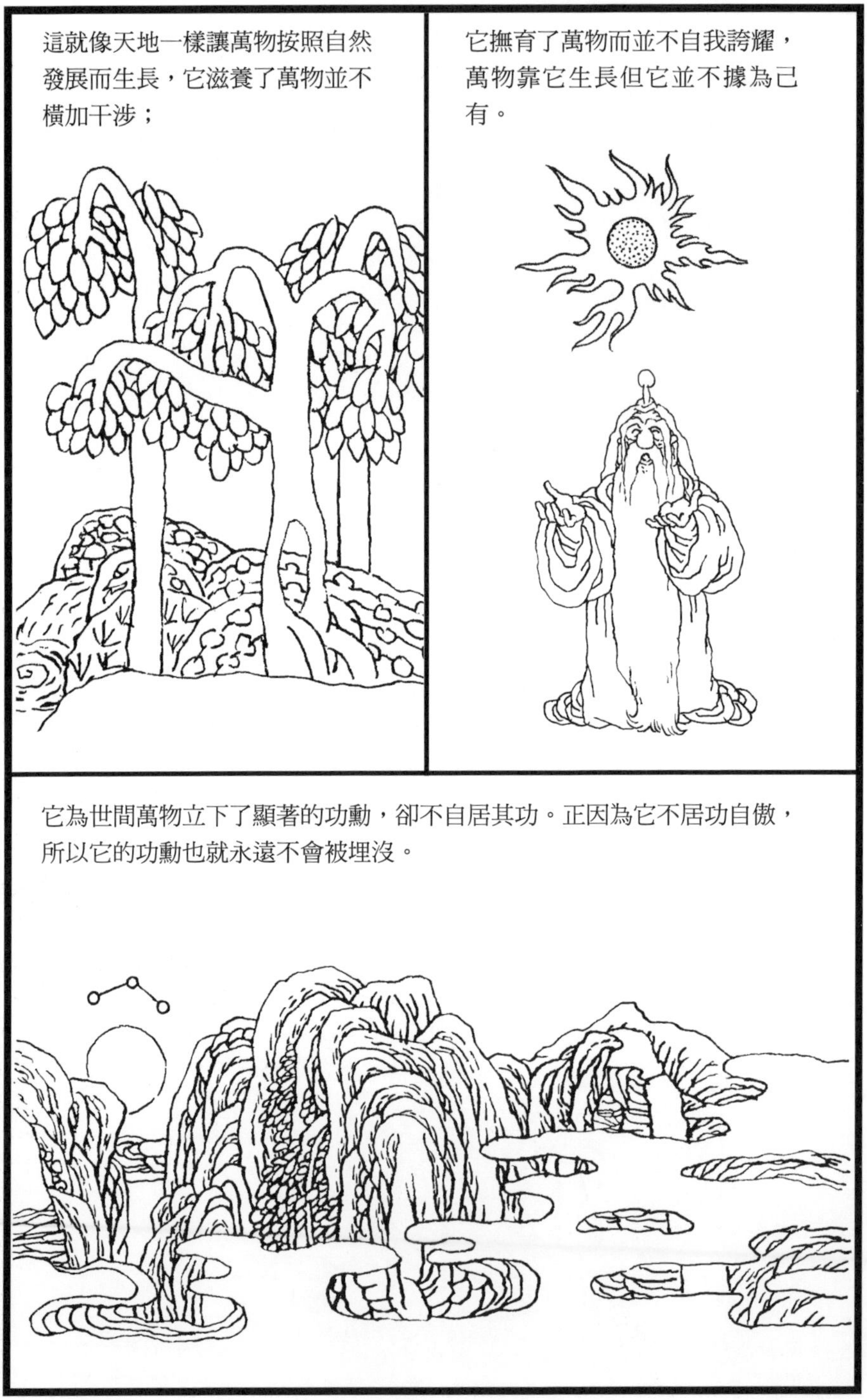
這就像天地一樣讓萬物按照自然發展而生長，它滋養了萬物並不橫加干涉；
它撫育了萬物而並不自我誇耀，萬物靠它生長但它並不據為己有。
它為世間萬物立下了顯著的功勳，卻不自居其功。正因為它不居功自傲，所以它的功勳也就永遠不會被埋沒。

第三章

不尚賢，使民不爭；不貴難得之貨，使民不為盜；不見可欲，使民心不亂。是以聖人之治，虛其心，實其腹，弱其志，強其骨，常使民無知無欲。使夫智者不敢為也。為無為，則無不治。

不特別器重聰明而有才學之人，百姓之間就不會引起爭端；不珍重稀有的東西，百姓之間就不會產生偷盜之徒；

不提供讓人產生誘惑的事物，百姓就不會胡思亂想。
老子

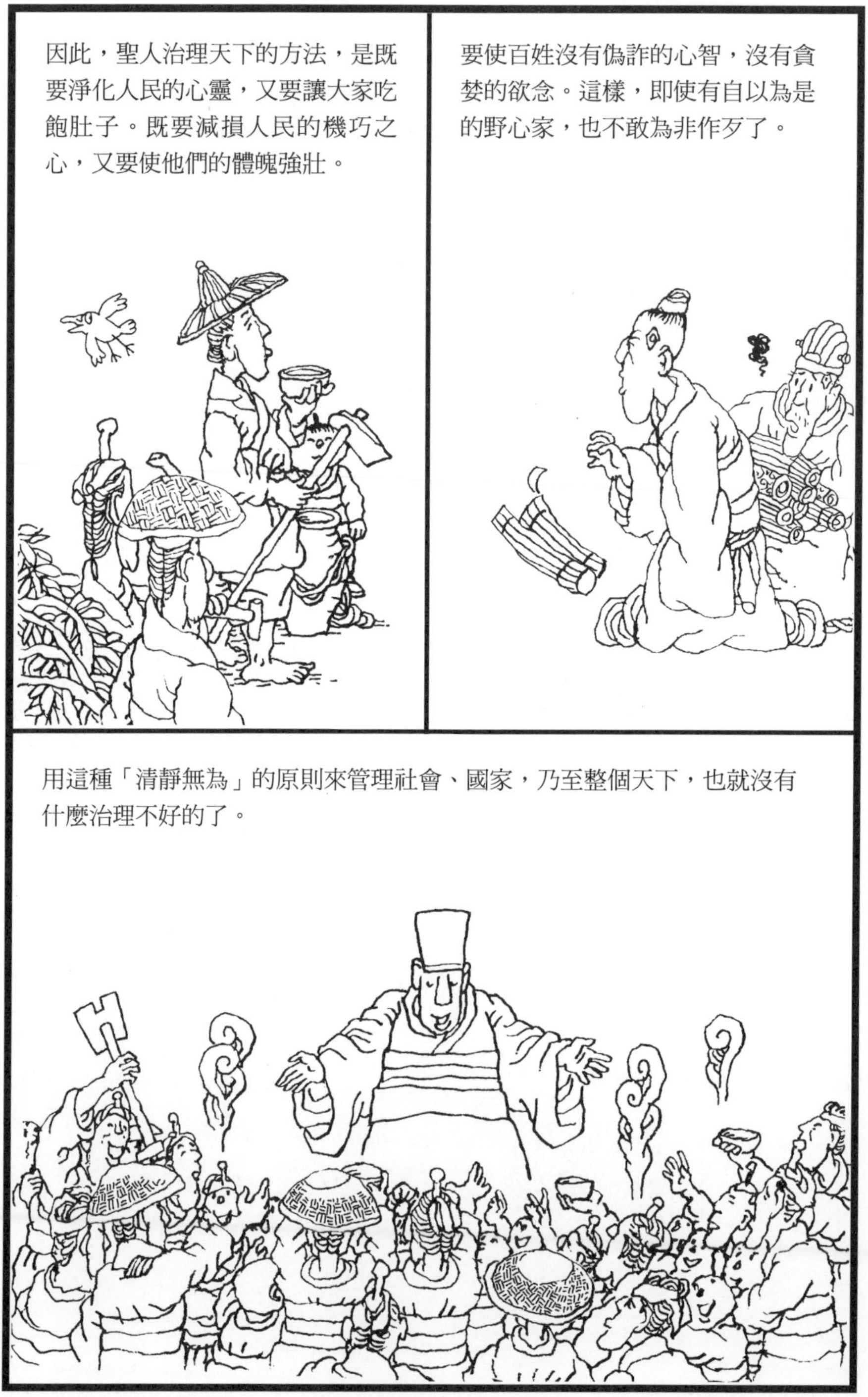
因此，聖人治理天下的方法，是既要淨化人民的心靈，又要讓大家吃飽肚子。既要減損人民的機巧之心，又要使他們的體魄強壯。
要使百姓沒有偽詐的心智，沒有貪婪的欲念。這樣，即使有自以為是的野心家，也不敢為非作歹了。
用這種「清靜無為」的原則來管理社會、國家，乃至整個天下，也就沒有什麼治理不好的了。

第四章

道，沖而用之，或不盈，淵兮，似萬物之宗。挫其銳，解其紛，和其光，同其塵。湛兮，似或存。吾不知誰之子，象帝之先。

「道」這個東西空虛又無形，可它卻是萬事萬物永無窮盡的源泉；它像無底的深淵一樣莫測，真不愧是宇宙的主宰。

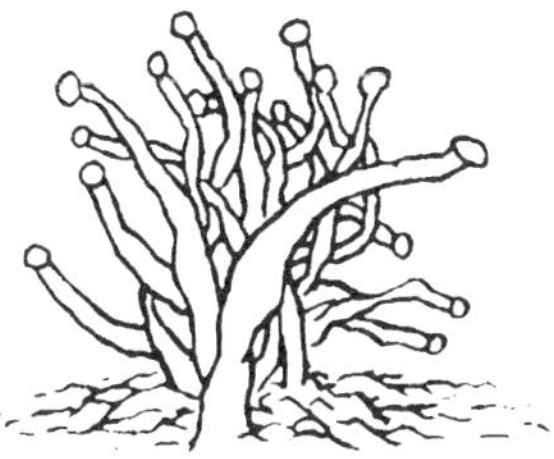

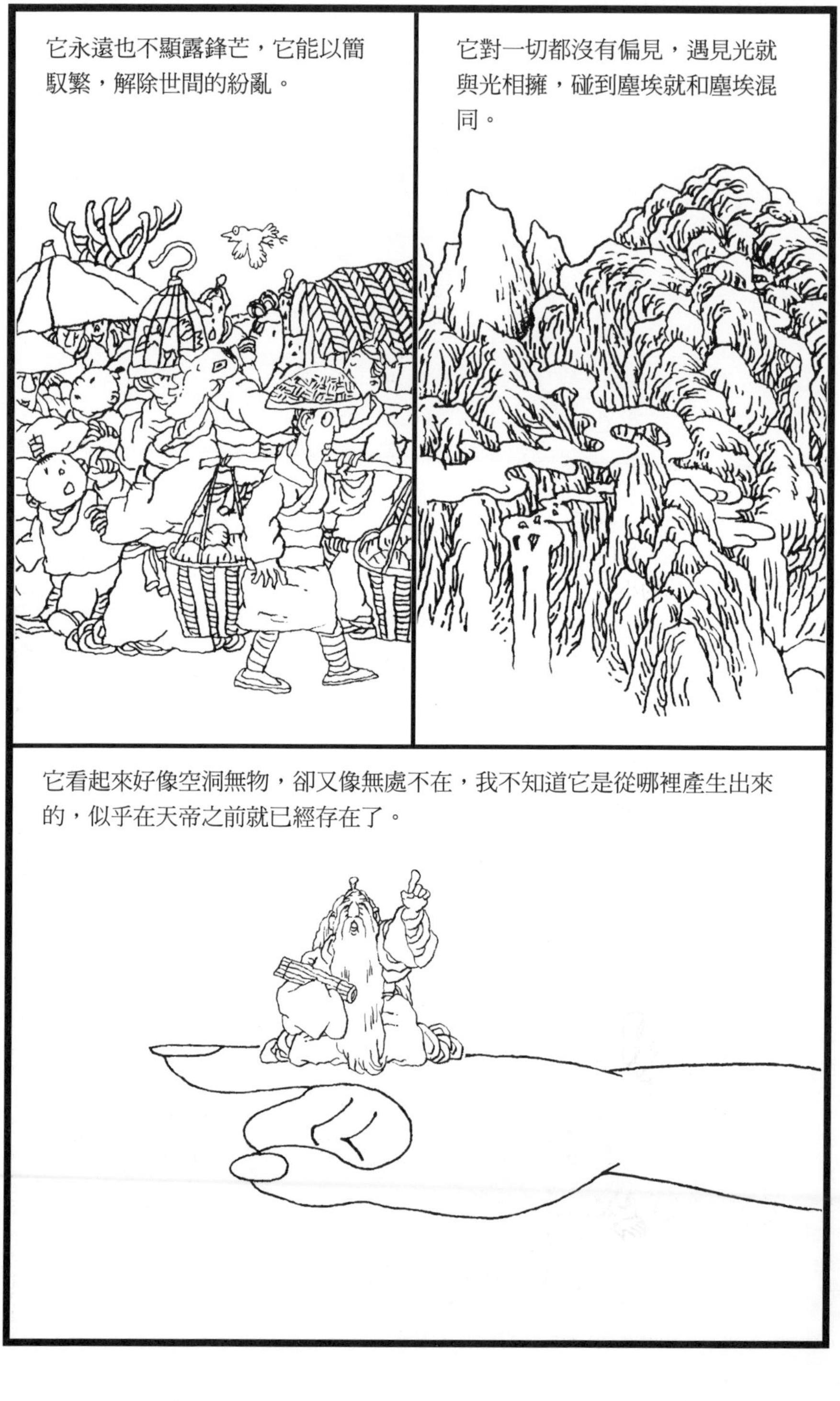
它永遠也不顯露鋒芒，它能以簡馭繁，解除世間的紛亂。
它對一切都沒有偏見，遇見光就與光相擁，碰到塵埃就和塵埃混同。
它看起來好像空洞無物，卻又像無處不在，我不知道它是從哪裡產生出來的，似乎在天帝之前就已經存在了。

第五章

天地不仁，以萬物為芻狗；聖人不仁，以百姓為芻狗。天地之間，其猶橐籥乎？虛而不屈，動而愈出。多言數窮，不如守中。

天地沒有意識，無所謂仁愛與否，它讓萬物自生自滅，就像人們對待祭祀時用野草捆紮的小狗，既不偏愛，也不輕視。

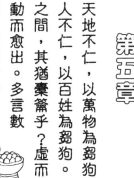

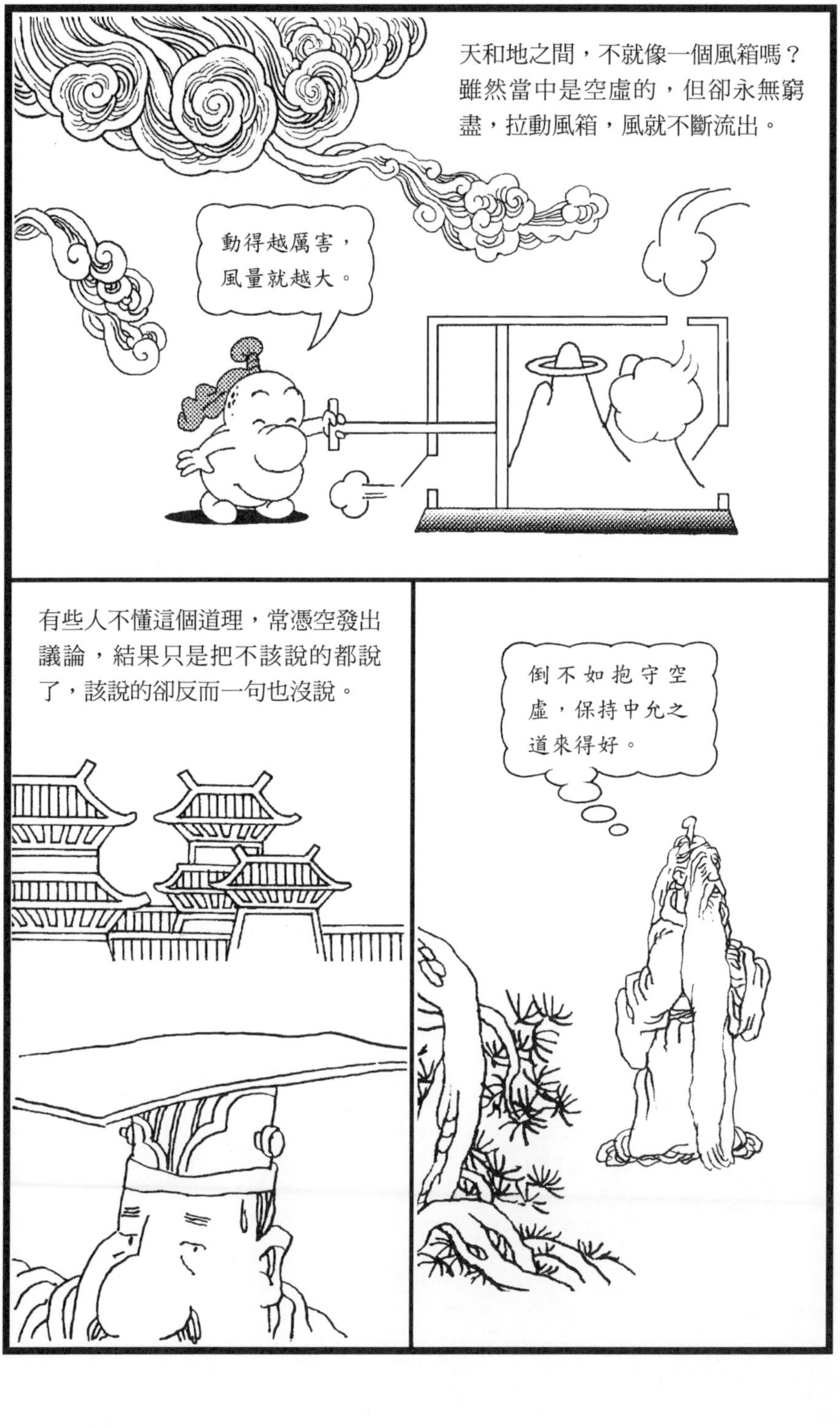
天和地之間，不就像一個風箱嗎？雖然當中是空虛的，但卻永無窮盡，拉動風箱，風就不斷流出。
動得越厲害，風量就越大。
有些人不懂這個道理，常憑空發出議論，結果只是把不該說的都說了，該說的卻反而一句也沒說。
倒不如抱守空虛，保持中允之道來得好。

第六章

谷神不死，是謂『玄牝』。
玄牝之門，是謂天地根。
綿綿若存，用之不勤。

正因為「道」空虛無為的功能，才能養育萬物，所以說它是雌性之門。萬物都由此產生，所以才說它是天地的根本。它無形無狀，周而復始，用之不竭，使萬物生生不已。

第七章

天長地久。天地所以能長且久者，以其不自主，故能長生。是以聖人後其身而身先，外其身而身存。非以其無私邪？故能成其私。

天很早就有了，地也很早就有了，天地永遠都存在。
老子

天地之所以能長久，天地之所以能存在，正是因為它所做的一切都不是為了自己生存，結果反而成全了它自己。
聖人凡事謙虛，退讓，反而能夠得到大家的愛戴。因為把自身的安危置之度外，結果他的安全能夠得到最大的保障。
這不正是由於他不自私自利嗎？不自私自利反而成全了他的聖名。

第八章

上善若水。水善利萬物而不爭，處眾人之所惡，故幾於道。居善地，心善淵，與善仁，言善信，政善治，事善能，動善時。夫唯不爭，故無尤。

具有最高道德的人就像水一樣。水善於滋育萬物，但水從不與萬物爭長論短。

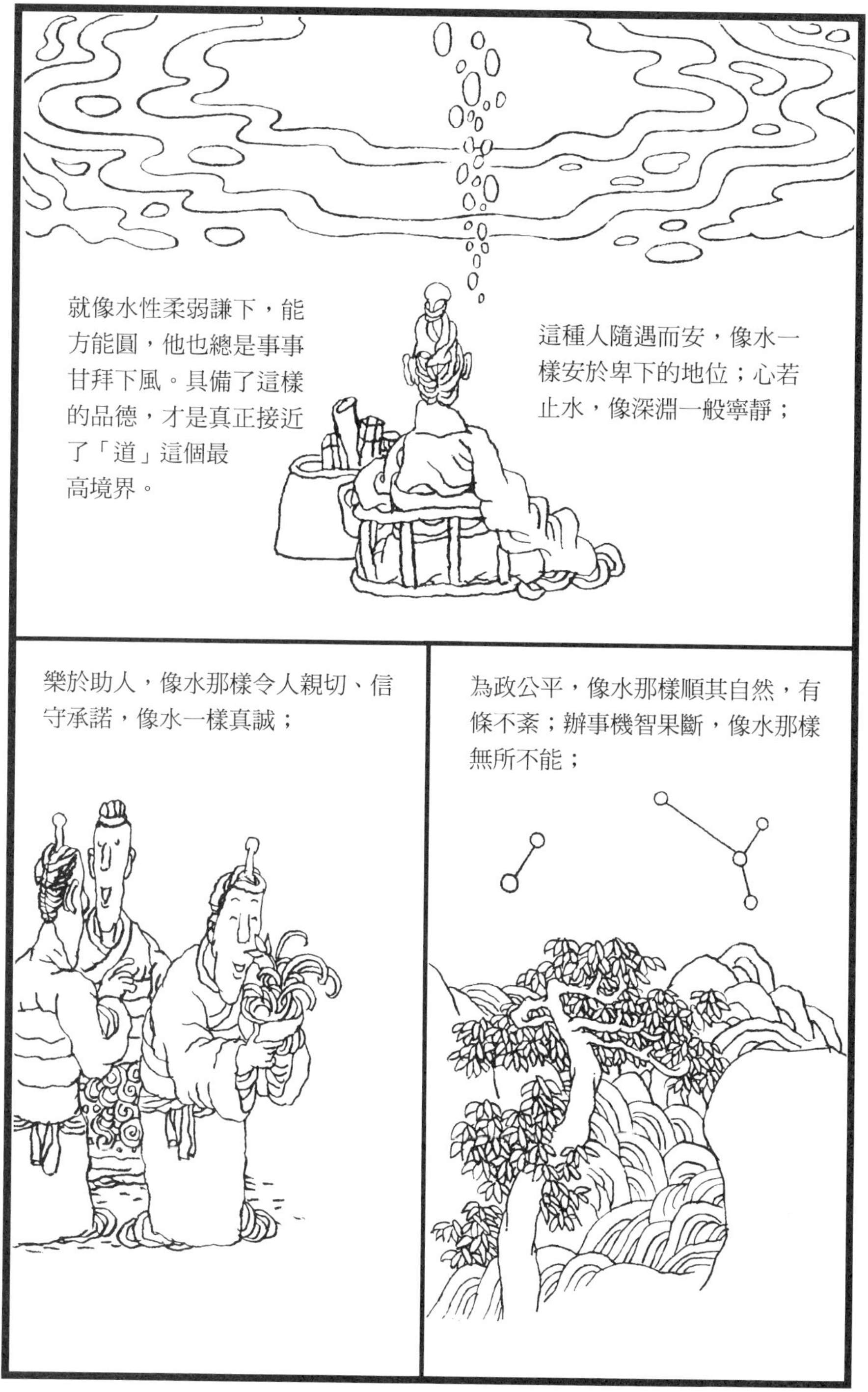
就像水性柔弱謙下，能方能圓，他也總是事事甘拜下風。具備了這樣的品德，才是真正接近了「道」這個最高境界。
這種人隨遇而安，像水一樣安於卑下的地位；心若止水，像深淵一般寧靜；
樂於助人，像水那樣令人親切、信守承諾，像水一樣真誠；
為政公平，像水那樣順其自然，有條不紊；辦事機智果斷，像水那樣無所不能；

一旦行動，見機行事，像水那樣無往不勝。

正因為他像水一樣不與誰去爭長論短，所以也就不會招致譴責。

第九章

持而盈之，不如其已：揣而銳之，不可長保。金玉滿堂，莫之能守；富貴而驕，自遺其咎。功成身退，天之道也。

盛在容器裡的東西太滿了就會溢出來，所以做任何事都要懂得適可而止。

打磨得過於尖利的鐵器，就不能常保鋒利。

縱使像金玉那樣的寶物堆滿了房
屋，誰也不能萬世守住。
富貴又驕傲，一定會為
自己招來禍殃。
事業成功，聲名顯赫，就應該懂得急流勇退，這才符合自然之道。

第十章

載營魄抱一，能無離乎？
專氣致柔，能嬰兒乎？
滌除玄覽，能無疵乎？
愛民治國，能無為乎？
天門開闔，能為雌乎？
明白四達，能無知乎？

你能夠將靈魂與肉體融為一體，而永不分離嗎？

你能夠把精氣調和到柔軟平和，就像剛出生的嬰兒那樣純樸嗎？

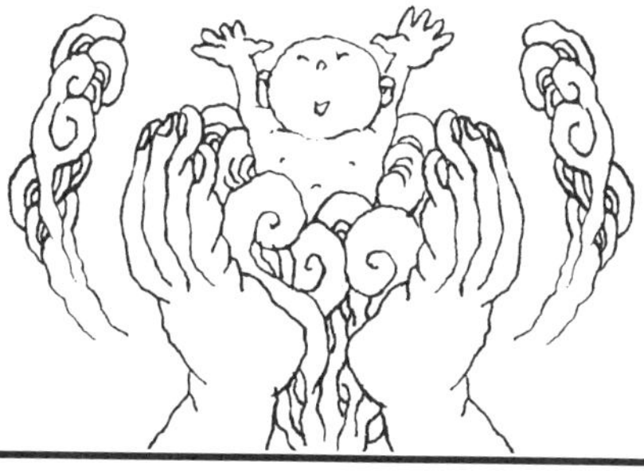

你能夠清除心智的紛擾，讓心胸寬廣得如一塵不染的明鏡嗎？

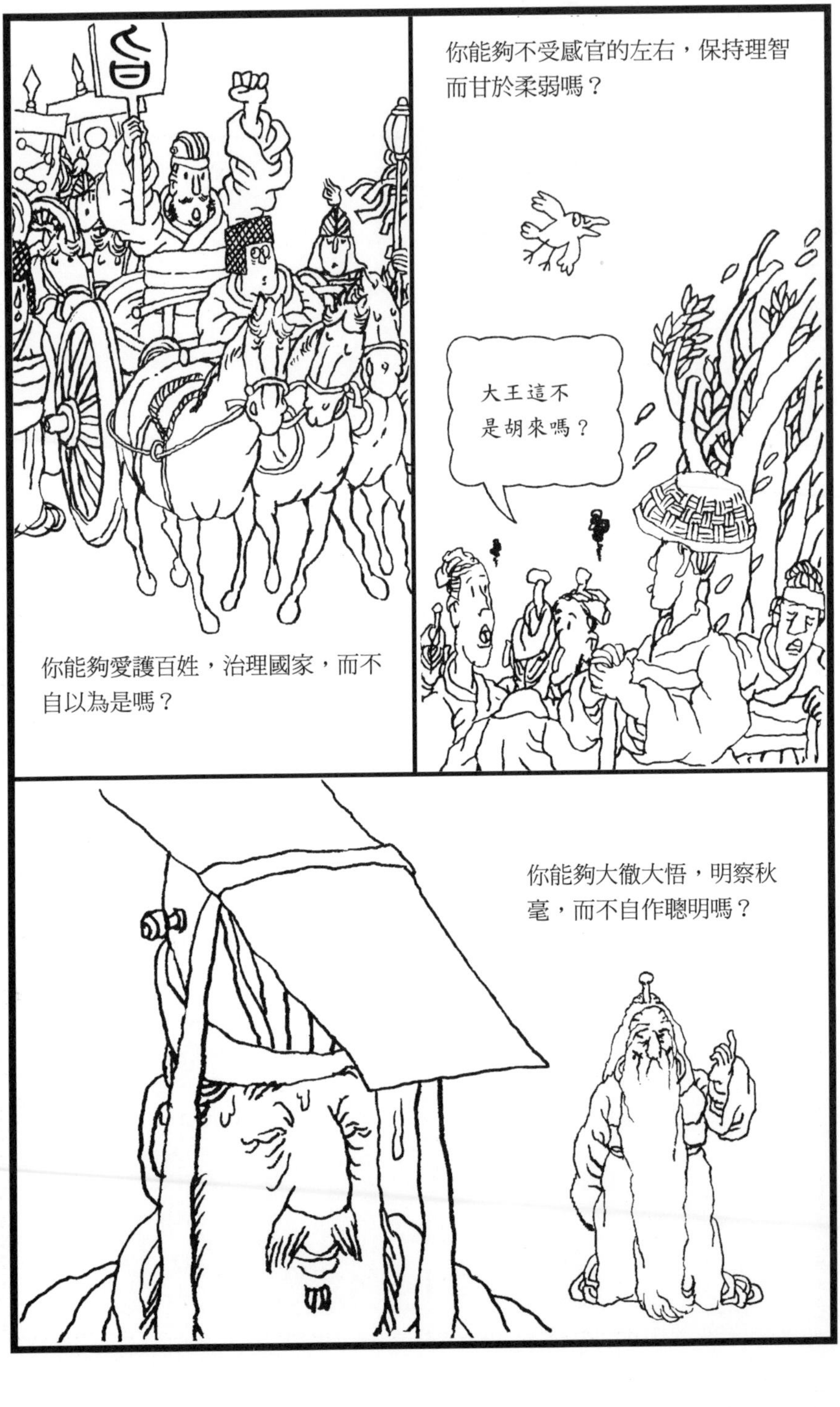
你能夠愛護百姓，治理國家，而不自以為是嗎？
你能夠不受感官的左右，保持理智而甘於柔弱嗎？
大王這不是胡來嗎？
你能夠大徹大悟，明察秋毫，而不自作聰明嗎？

第十一章

三十輻共一轂，當其無，有車之用；埏埴以為器，當其無，有器之用。鑿戶牖以為室，當其無，有室之用。故有之以為利，無之以為用。

三十根輻條圍繞著一個輪轂，由於中間留出了空虛處，才能裝配車軸，使車子發揮作用。

摶揉泥土製作陶器，器皿當中留出空處，器皿才能達到盛放食物的功能。

建造房屋時開鑿了門窗，空氣才能流通，人才能出入，從而可以居住。

因此，「有」所表現出來的一切便利，全賴於「無」的配合。

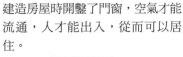

第十二章

五色令人目盲，五音令人耳聾，五味令人口爽，馳騁田獵，令人心發狂，難得之貨令人行妨。是以聖人為腹不為目。故去彼取此。

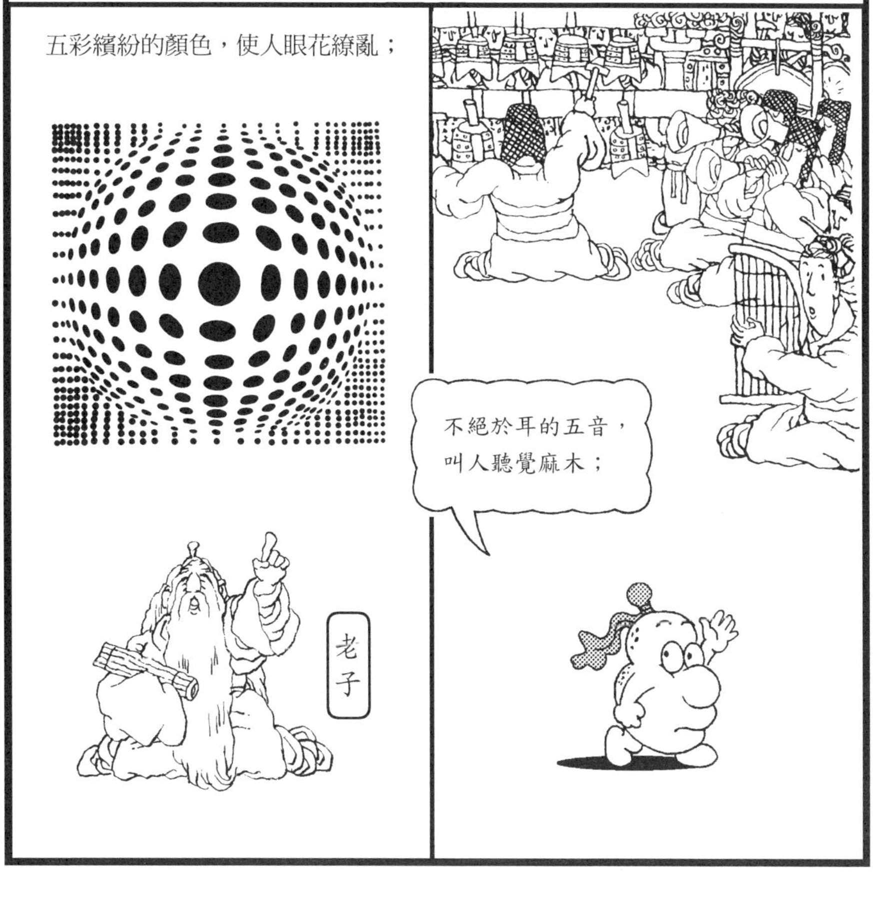
五彩繽紛的顏色，使人眼花繚亂；
老子
不絕於耳的五音，
叫人聽覺麻木；

酸甜苦辣鹹雜陳，讓人味覺喪失；
縱馬騁馳，醉心狩獵，會叫人精神狂癲；
寶貴稀缺的財物，則使人心生邪念。
所以有道德修養的聖人崇尚簡單的生活，不為感官所累。
也就是拋去外物的誘惑，從而確保心靈的寧靜與完整。

第十三章

寵辱若驚，貴大患若身。何謂寵辱若驚？寵為上，辱為下；得之若驚，失之若驚，是謂寵辱若驚。何謂貴大患若身？吾所以有大患者，為吾有身；及吾無身，吾有何患？故貴以身為天下，若可寄天下；愛以身為天下，若可託天下。

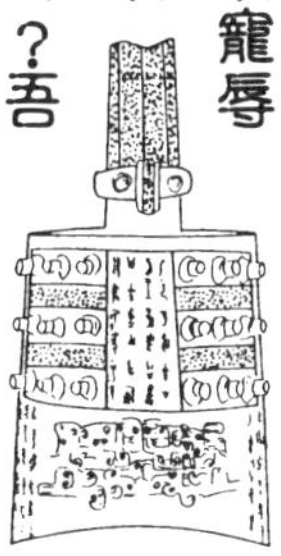

什麼叫「寵辱若驚」呢？得寵為上，受辱為下，得到寵辱就會驚恐不安，失去寵辱，也會驚恐不安，這就叫「寵辱若驚」。

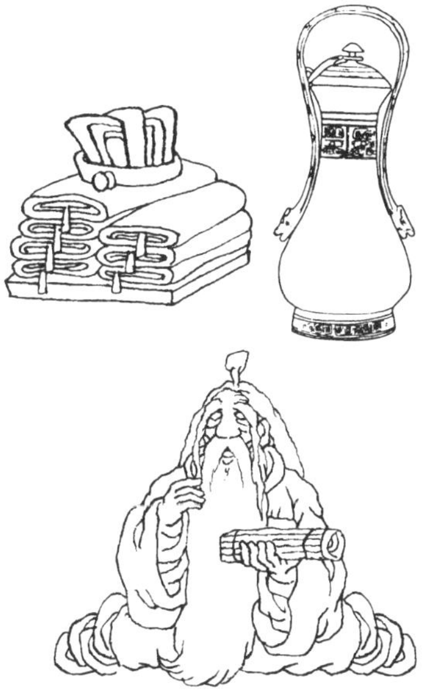

名利之心看得太重，就會一天到晚擔驚受怕，直到真的把災禍引上自身。

什麼叫做「貴大患若身」？我之所以會把災禍引上自身，是因為一事當前，我們總想到「自我」，倘若能夠忘掉「自我」，那麼還有什麼災禍呢？

所以，把天下看得比自己生命還重的人，就可以把天下的使命交付給他；

熱愛天下超過熱愛自己生命的人，才可以把天下的責任託付給他。

第十四章

視之不見，名曰：『夷』；聽之不聞，名曰：『希』；搏之不得，名曰：『微』。此三者不可致詰，故混而為一。其上不皦，其下不昧，繩繩兮不可名，復歸於無物。是謂無狀之狀，無物之象，是謂『惚恍』。迎之不見其首，隨之不見其後。執古之道，以御今之有，能知古始，是謂道紀。

由於看不見，所以稱其無形；由於聽不見，所以稱其為無聲；由於摸不著，所以稱其為無跡。這三個無形、無色、無跡的東西其實根本無法區分和探究，原本就是渾然一體的。

向上看，它無光華，向下看，它也並不昏聵，它連綿不斷而又不可名狀，說來說去有如空無一物，這就叫沒有形狀的形狀，沒有物體的物體，這就叫「惚恍」。

迎頭觀察，看不見它的頭；從後面追趕，看不見它的尾。

根據流傳至今的古「道」，用來把握當今的事物，就可以了解宇宙的本原了，這就是探究萬事萬物規律的要領。

這裡的「道」，即事物存在和變化的總規律，也是推動事物運動和變化的內在力量。

第十五章

古之善為道者，微妙玄通，深不可識。夫唯不可識，故強為之容：
豫兮，若冬涉川；猶兮，若畏四鄰：
儼兮，其若客；渙兮，若冰之將釋：
敦兮，其若樸；
曠兮，其若谷；
混兮，其若濁。
孰能濁以靜之徐清？
孰能安以動之徐生？
保此道者，不欲盈。
夫唯不盈，故能蔽而新成。

古代深通「道」義的人，他的境界幽微精妙，玄奧通達，遠非一般人所能理喻。

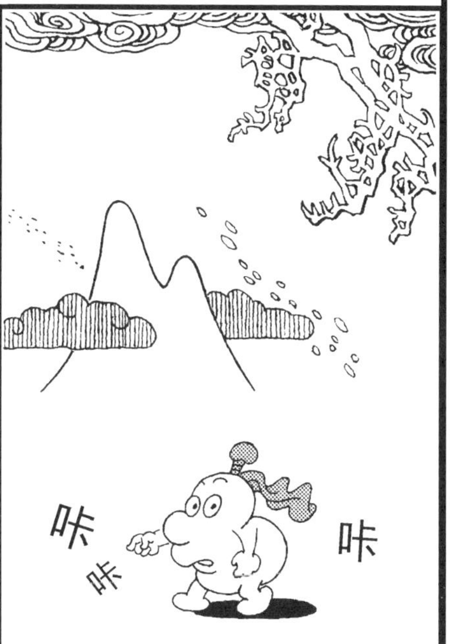

正因為他遠非一般人所能理喻，所以只好勉強將他做一下這樣的描述：猶豫徬徨呀，就好像冬天涉過冰河；

遲疑狐疑呀，就好像危機四伏；

恭敬莊重呀，就好像他鄉做客。

融化和緩呀，就好像冰河消解；

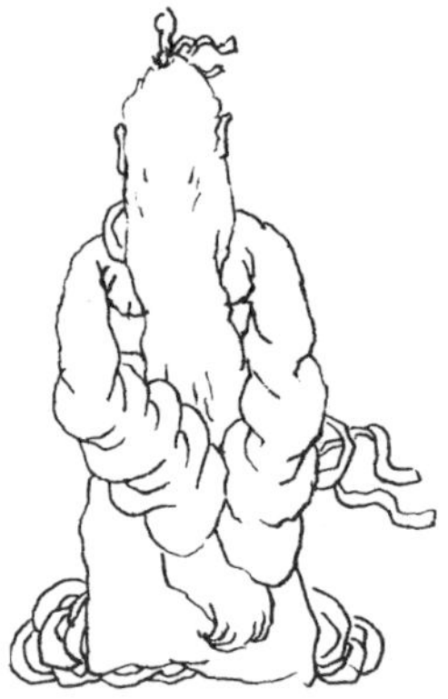

敦厚天然呀，就好像未經雕琢的樸玉；

胸襟廣大呀，就好像幽遠的空谷；

渾厚質樸呀，就好像混濁的流水；
寧靜深沉呀，就好像浩瀚的大海；

飄逸狂放呀，就好像一往無前。

誰能夠讓晦暗遁去，使天下慢慢變成一片光明？
誰能夠讓渾濁的河水安靜下來，使其慢慢化為澄澈？
誰能夠讓沉悶變得活躍，使其漸漸顯出生機？
只有這種得道的君子才能做到這一切，因為他處世從來有分寸。正因為他處世從來有分寸，所以總能辭舊迎新，與萬物同在。

第十六章

致虛極，守靜篤，萬物並作，
吾以觀復。夫物芸芸，
各復歸其根。歸根曰『靜』，
靜曰『復命』。
復命曰『常』，
知常曰『明』。
不知『常』，
妄作兇。知『常』容，
容乃公，公乃全，全乃天，
天乃道，道乃久，沒身不殆。

悟道必須清心寡欲，一心一意，使心靈虛寂到極致。這樣才能於萬物蓬勃生長之際，觀察到它們生死往復的規律。

萬物儘管林林總總，數不勝數，但一定都會回到它們的起始點。這種回歸的現象，就叫做「靜」，也叫「復命」。

源於自然，歸於自然的這個道理就是「常」，懂得了什麼是「常」，就能明白事理，所以叫「明」。
不懂得「常」這個道理，倒行逆施，則必然沒有好結果。
懂得了「常」這個道理，應能夠做到寬以待人，做到了寬以待人處事才能公道；
處事公道才能使天下歸順，天下歸順才能與天道相符；
與天道相符就能與「道」合一，與「道」合一就能長治久安。這樣，終身也不會有任何危殆了。

第十七章

太上，不知有之；其次，親而譽之；其次，畏之；其次，侮之。信不足焉，有不信焉。悠兮其貴言，功成事遂，百姓皆謂：『我自然』。

英明的君王，治理國家時順應天理，合乎民情，所以百姓反而感覺不到他的存在；

差點兒的君王，則熱愛百姓，多有善舉，以至於會得到人民的稱譽；

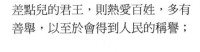

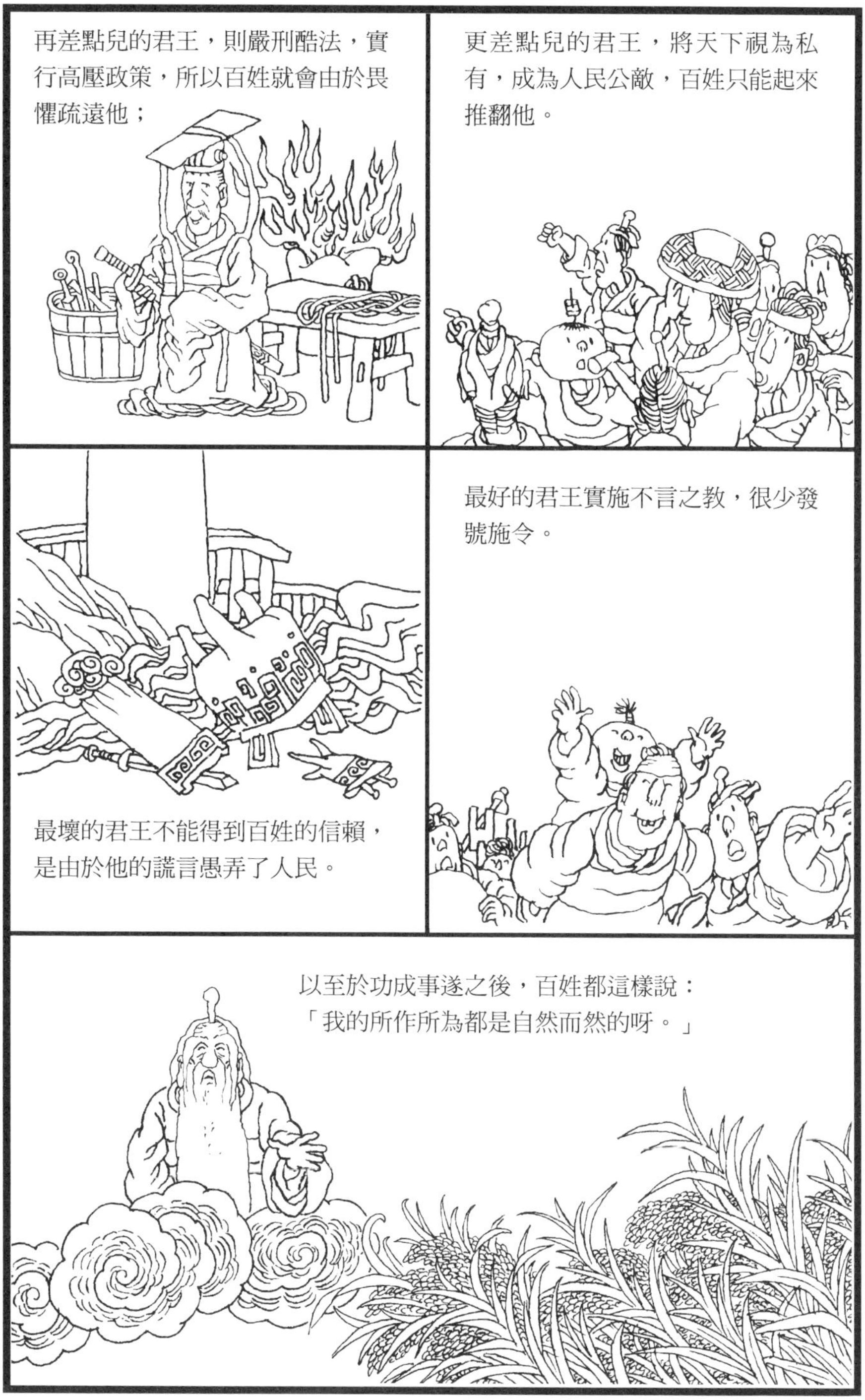
再差點兒的君王，則嚴刑酷法，實行高壓政策，所以百姓就會由於畏懼疏遠他；
更差點兒的君王，將天下視為私有，成為人民公敵，百姓只能起來推翻他。
最壞的君王不能得到百姓的信賴，是由於他的謊言愚弄了人民。
最好的君王實施不言之教，很少發號施令。
以至於功成事遂之後，百姓都這樣說：
「我的所作所為都是自然而然的呀。」

第十八章

大道廢，有仁義；智慧出，有大偽；六親不和，有孝慈；國家昏亂，有忠臣。

公理被廢黜後，就顯示出仁義。因為公理比仁義大得多，公理不廢，就無所謂仁義。

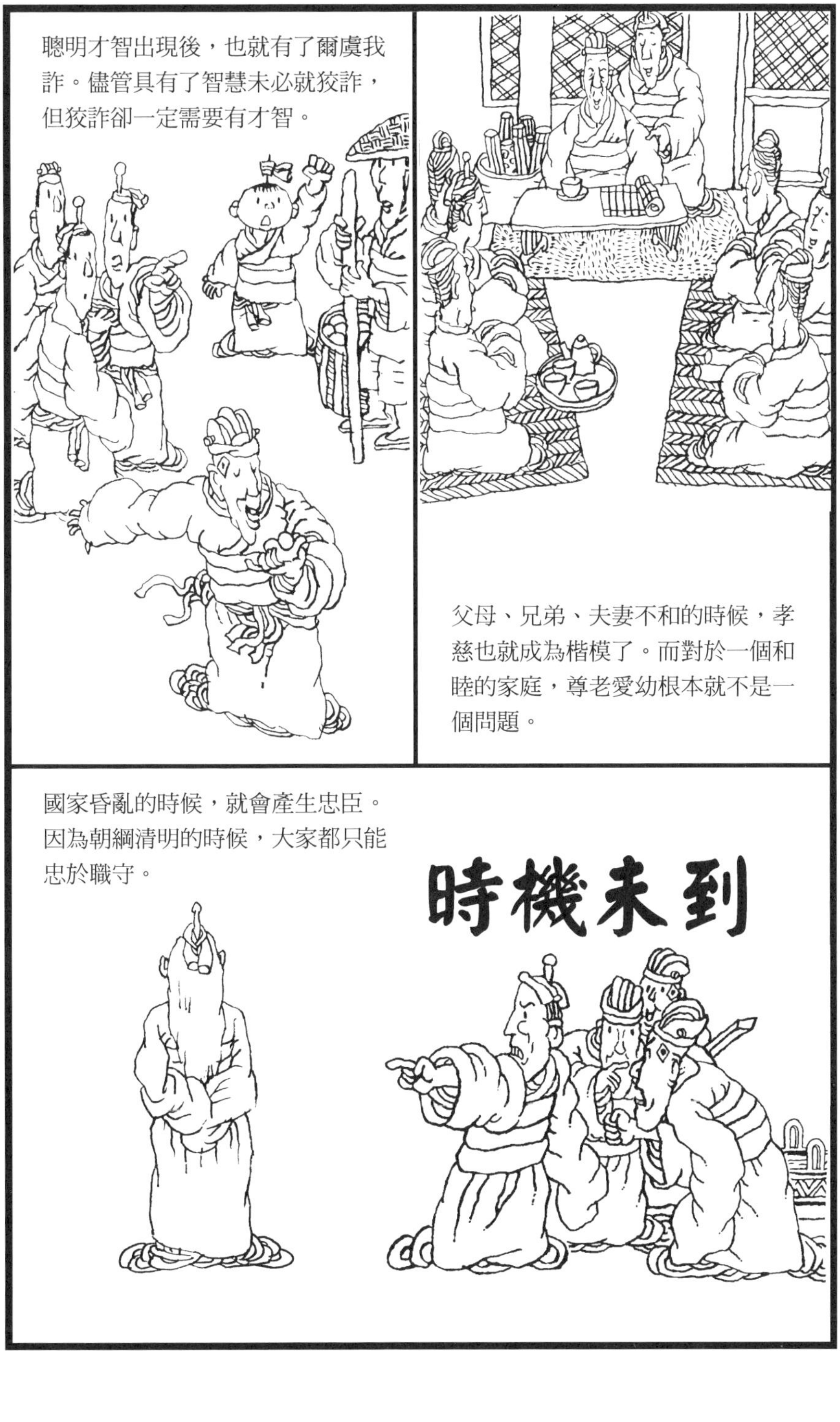
聰明才智出現後，也就有了爾虞我詐。儘管具有了智慧未必就狡詐，但狡詐卻一定需要有才智。
父母、兄弟、夫妻不和的時候，孝慈也就成為楷模了。而對於一個和睦的家庭，尊老愛幼根本就不是一個問題。
國家昏亂的時候，就會產生忠臣。因為朝綱清明的時候，大家都只能忠於職守。
時機未到

第十九章

絕聖棄智，民利百倍；絕仁棄義，民復孝慈；絕巧棄利，盜賊無有。此三者，以為文，不足。故令有所屬：見素抱樸，少私寡欲。

拋去了聰明才智，使人們按照本來的意義去生活，那好處何止百倍。

拋去了虛偽的仁和義，百姓就會自然地尊老愛幼。

拋去了奇技淫巧，去掉私心雜念，盜賊也就不會產生了。

這三種情況是從消極的角度來描述的。為了把道理講清楚，下面再從積極的角度加上幾句：那就是，外表單純，內心淳樸，減少私心，降低欲望。
見素抱樸
少私寡欲

拋去了奇技淫巧，人類才能自信從容；

第二十章

絕學無憂，唯之與阿，相去幾何？
善之與惡，相去若何？人之所畏，
不可不畏，荒兮，其未央哉！
眾人熙熙，如享太牢，如春登
臺；我獨泊兮，其未兆，如嬰
兒之未孩。儽儽兮，若無所歸。
眾人皆有餘，而我獨若遺。
我愚人之心也哉！沌沌兮。
俗人昭昭，我獨昏昏；
俗人察察，我獨悶悶。
澹兮其若海，飂兮若無止，
而我獨頑且鄙。我獨異於人，而貴食母。

唯唯諾諾與訓斥責罵，這其中的差別有多大？

善良與兇惡，這其中的距離有多少？

大家都畏懼的東西，你也不能不畏懼。惘然呀，到什麼時候才能把這其中的道理弄清楚！
大家其樂融融，就像要去享受豐盛的美餐，又像是登上了春和日麗的高臺。
唯有我卻淡泊恬靜，一點兒也不為所動，就像剛剛出生的嬰兒，還沒有笑的功能。
疲憊不堪的心靈啊，就像無家可歸的遊子。

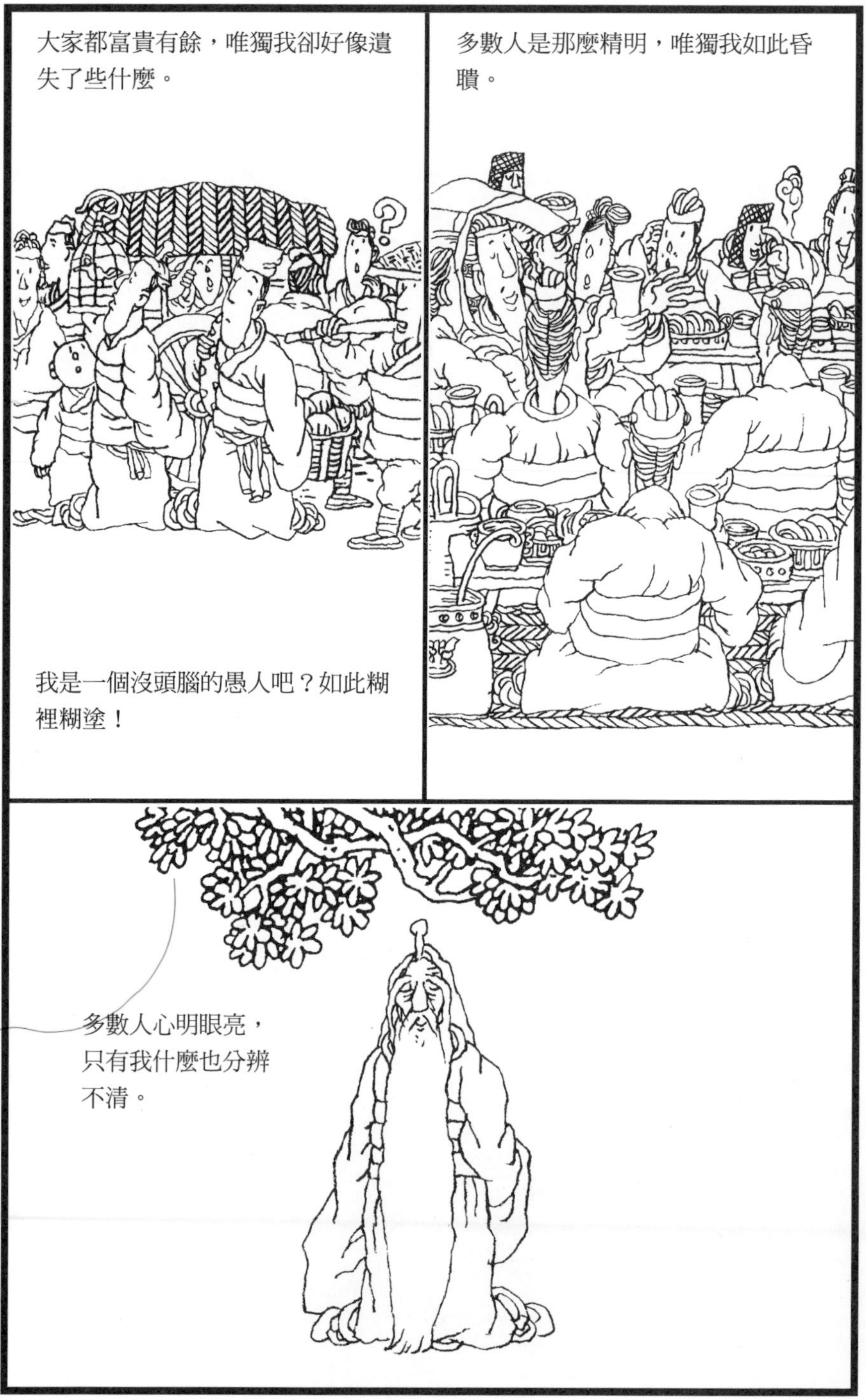
大家都富貴有餘，唯獨我卻好像遺失了些什麼。
我是一個沒頭腦的愚人吧？如此糊裡糊塗！
多數人是那麼精明，唯獨我如此昏瞶。
多數人心明眼亮，只有我什麼也分辨不清。

大家都各有所長，唯獨我顯得愚笨又卑微。

我之所以和大家不一樣，是由於我的著眼點是那紛繁萬物背後的本原。

第二十一章

孔德之容，唯道是從。道之為物，唯恍唯惚。惚兮恍兮，其中有象；恍兮惚兮，其中有物。窈兮冥兮，其中有精；其精甚真，其中有信。自古及今，其名不去，以閱眾甫。吾何以知眾甫之狀哉？以此。

有大德的人，他的一舉一動都從屬於「道」。但是道這個東兩，若有若無，若實若虛，沒有具體的型態。

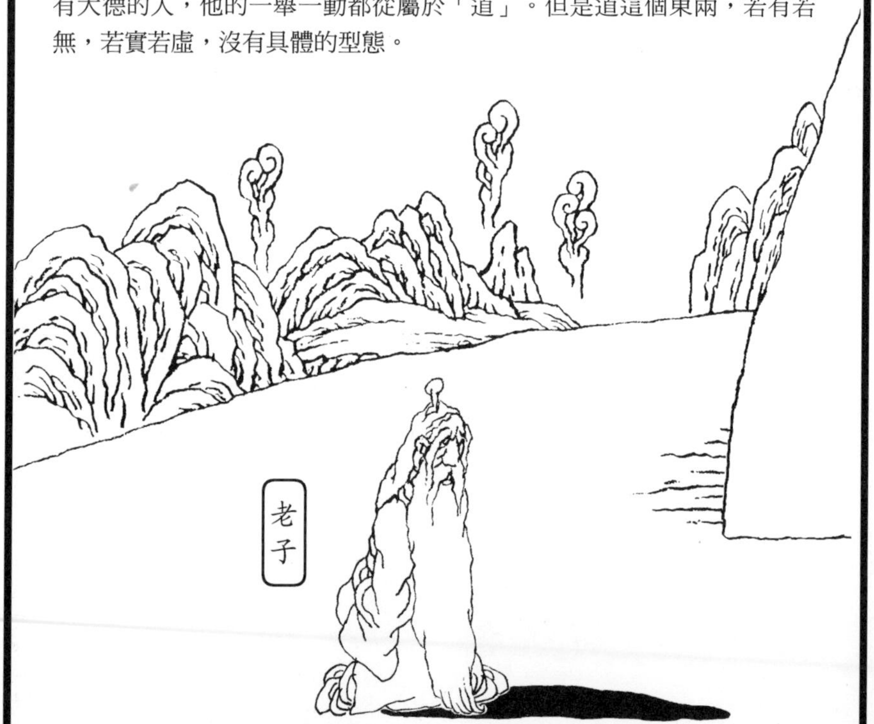

迷離虛無啊，但是其中卻似乎有著可見的形象；虛無迷離啊，可是其中似乎又有著可觸的物體。

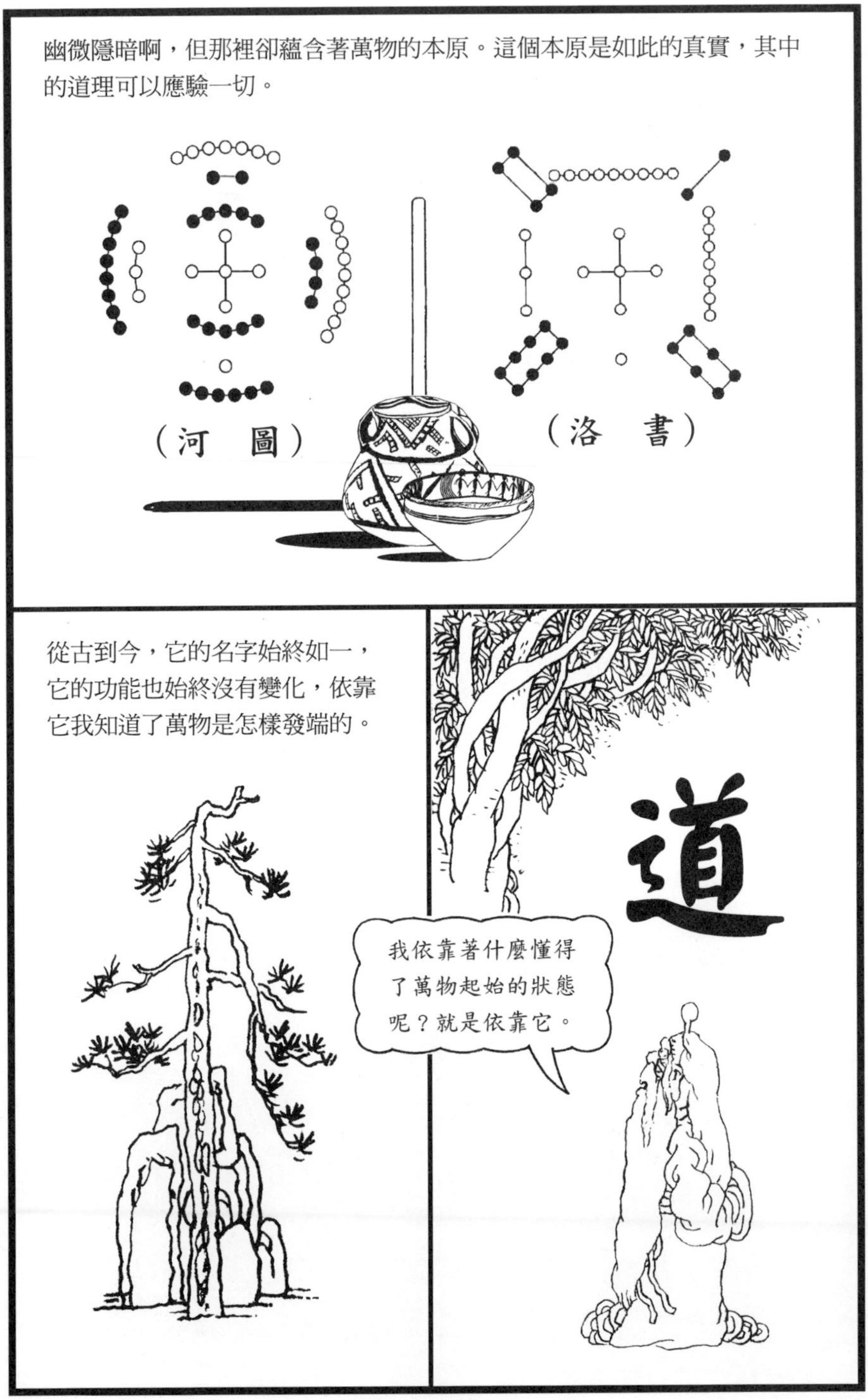
幽微隱暗啊，但那裡卻蘊含著萬物的本原。這個本原是如此的真實，其中的道理可以應驗一切。
（河　圖）
（洛　書）
從古到今，它的名字始終如一，它的功能也始終沒有變化，依靠它我知道了萬物是怎樣發端的。
道
我依靠著什麼懂得了萬物起始的狀態呢？就是依靠它。

第二十二章

曲則全，枉則直，窪則盈，
敝則新，少則得，多則惑。
是以聖人抱一為天下式。
不自見，故明；不自是，
故彰；不自伐，故有功；
不自矜，故長。夫
唯不爭，故天下莫
能與之爭。
古之所謂
「曲則全」者，
豈虛言哉？誠全而歸之。

委曲才能夠得到保全，不怕彎曲的反而能夠伸展。

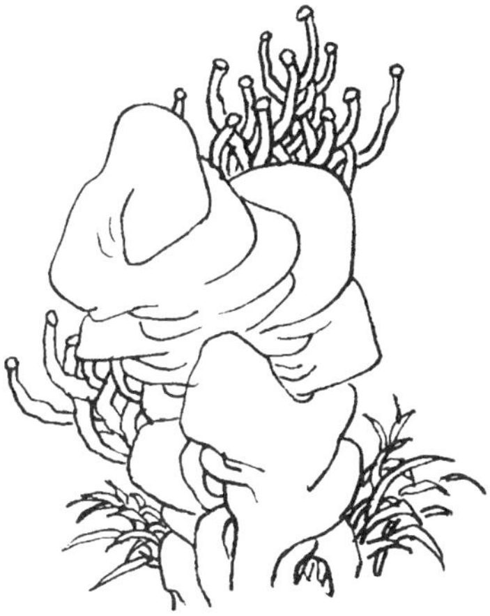

低窪之處才有可能充滿，陳舊才有可能出新。

少取才有可能多得，貪多卻常常什麼也得不到。

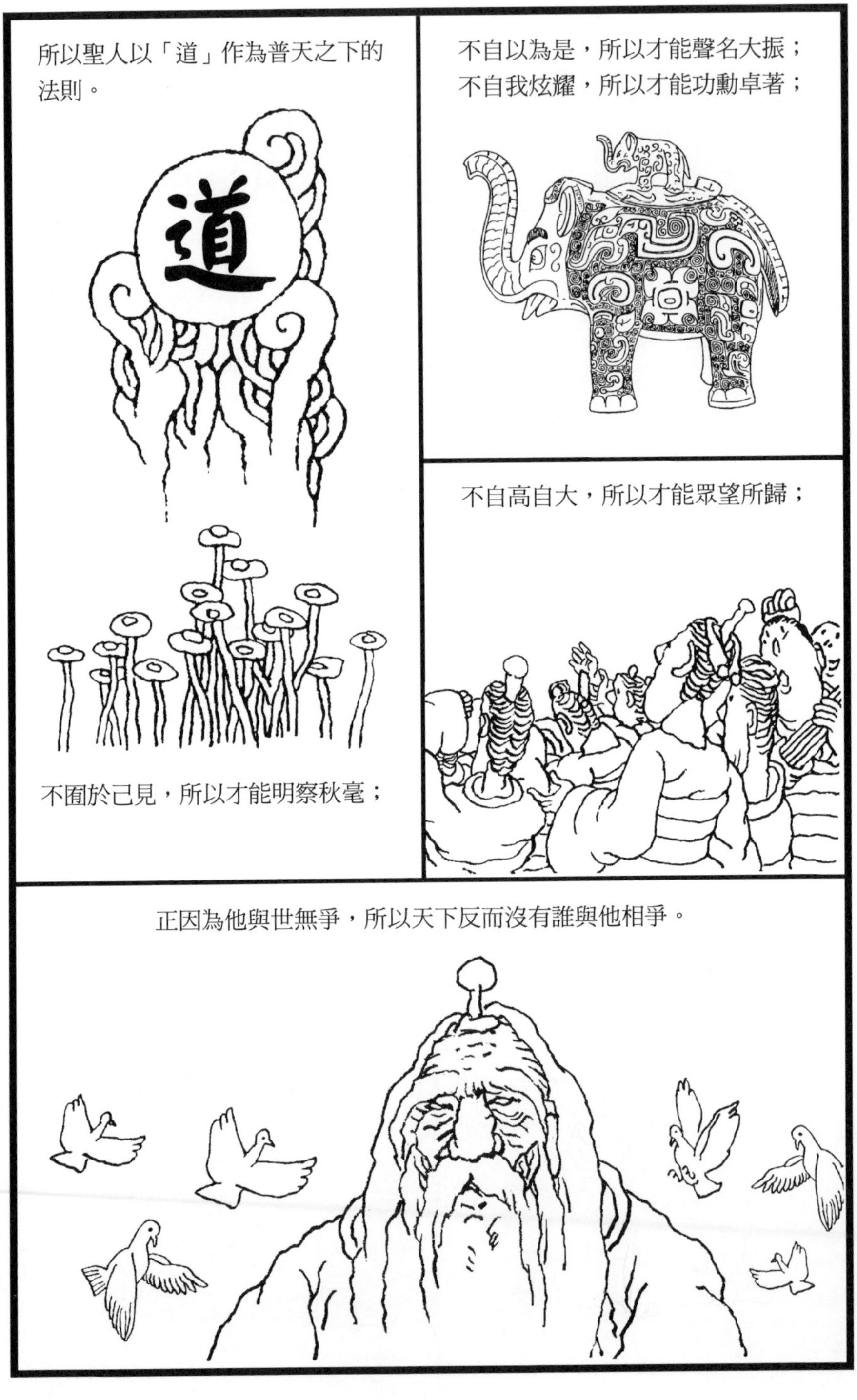
所以聖人以「道」作為普天之下的法則。
道
不囿於己見，所以才能明察秋毫；
不自以為是，所以才能聲名大振；
不自我炫耀，所以才能功勳卓著；
不自高自大，所以才能眾望所歸；
正因為他與世無爭，所以天下反而沒有誰與他相爭。

第二十三章

希言自然。故飄風不終朝，驟雨不終日。孰為此者？天地。天地尚不能久，而況於人乎？故從事於道者，同於道；德者，同於德；失者，同於失。同於道者，道亦樂得之；同於德者，德亦樂得之；同於失者，失亦樂得之。信不足焉，有不信焉。

少說話才合乎做事原則。所以暴風不會持續整整一個早上，驟雨不會持續整整一天。

是誰決定了這一切呢？是天地。天地決定的狂風暴雨尚且不能持久，何況區區的人為之力呢？

所以按照道行事的人，就能夠得到道，按照德行事的人，就能夠得到德，不按照道德規範行事的人，也就是失去了道德的人。

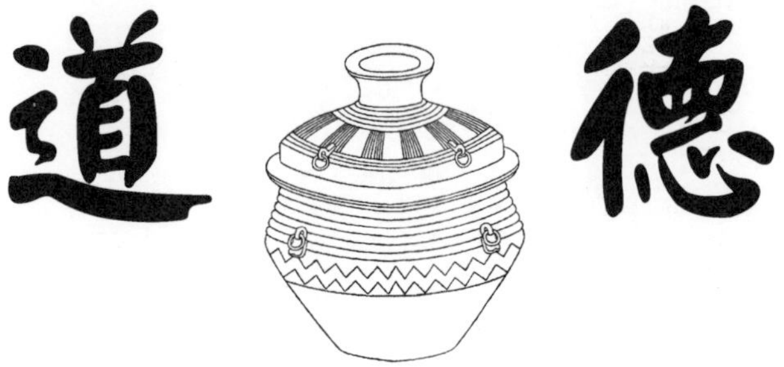

得到道的人，道也樂於得到他；得到德的人，德也樂於得到他；

失去道德的人，沒有道德也樂於得到他。

要是一個人缺乏誠信，那麼自然也就不要指望大家信賴他了！

第二十四章

企者不立，跨者不行。自見者，不明；自是者，不彰；自伐者，無功；自矜者，不長。其於道也，曰：『餘食贅行，物或惡之。』故有道者不處。

踮著腳尖想站得更高的，結果一定站不牢；

兩步並作一步走的，結果只能走得更加慢；

一味相信自己眼睛的，結果什麼也看不分明；

老是自以為是的，結果常常得不到彰顯；
自吹自擂的，結果反而得不到犒賞；
總以為自己了不起的，結果永遠也做不了首長。
這些行為以道的標準來衡量，都只是些多餘無用的東西。
常人尚且厭惡，所以有道德操守的君子，更不會沾染這些壞毛病了。

第二十五章

有物混成，先天地生。寂兮寥兮，獨立而不改，周行而不殆，可以為天下母。吾不知其名，字之曰『道』，強為之名曰『大』。大曰『逝』，逝曰『遠』，遠曰『反』。故道大，天大，地大，人亦大。域中有四大，而王居其一焉。人法地，地法天，天法道，道法自然。

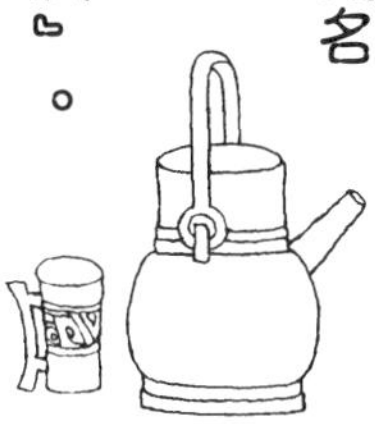

有一種東西渾然一體，還是在有天地之前就已產生。它無聲無息，又無形無狀，獨立存在從無更改，不斷循環永不懈怠，可算是世間萬物的根本。

我不知道它的名字，只好給它起個表字叫做「道」，再勉強為它起個正名叫做「大」。

「大」遼闊無邊，一往無前，一往無前就無遠不至，無遠不至就會重新返回它初始的狀態。

所以道大，天大，地大，人也大，天地間有四大，人居其中之一。在這四大之中，人是效法地的，地是效法天的，天是效法道的，道則是效法於它的本原——自然。

第二十六章

重為輕根，靜為躁君。是以聖人終日行，不離輜重。雖有榮觀，燕處超然。奈何萬乘之主，而以身輕天下？輕則失根，躁則失君。

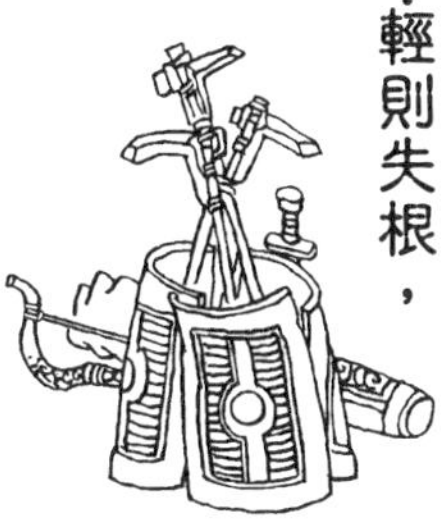

重是輕的根本，靜是躁的主宰。所以君子哪天哪日都離不開自己的處世原則，就像軍隊離不開裝備。

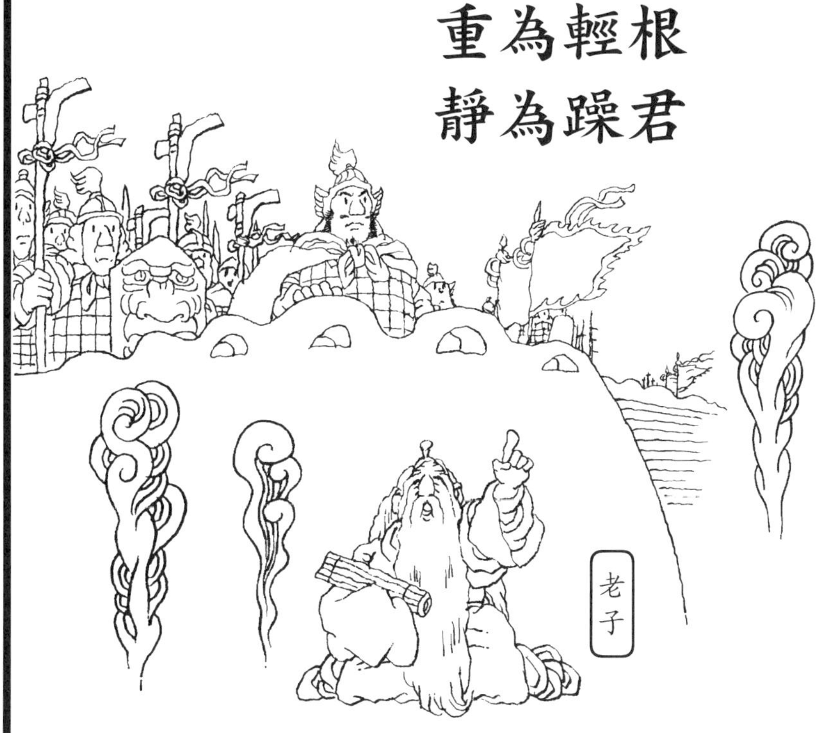

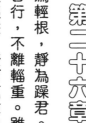

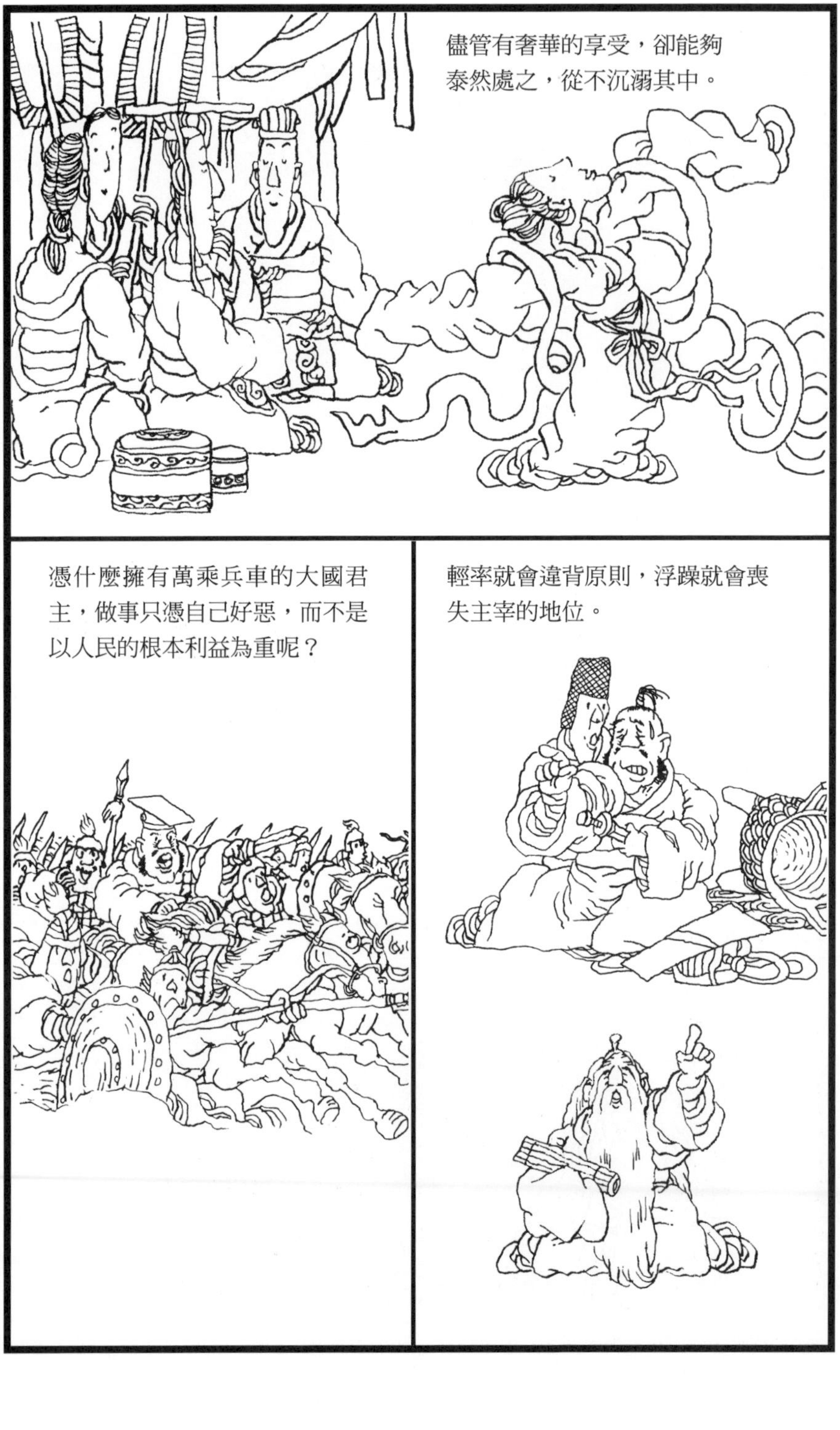
儘管有奢華的享受，卻能夠
泰然處之，從不沉溺其中。
憑什麼擁有萬乘兵車的大國君
主，做事只憑自己好惡，而不是
以人民的根本利益為重呢？
輕率就會違背原則，浮躁就會喪
失主宰的地位。

第二十七章

善行，無轍跡；善言，無瑕謫；善數，不用籌策；善閉，無關楗而不可開；善結，無繩約而不可解。是以聖人常善救人，故無棄人；常善救物，故無棄物。是謂『襲明』。故善人者不善人之師，不善人者，善人之資。不貴其師，不愛其資，雖智大迷，是謂『要妙』。

善於行走的，不會留下痕跡。

善於說話的，不會遭人指責。

善於計算的，無需借助籌碼。

善於閉守的，不用門閂就讓人無法打開。

善於打結的，不用繩索就能
使人無法掙脫。

所以聖人總是力求人盡其才，因此他的眼中絕不會有無用之人。聖人還善於物盡其用，因此在他眼裡絕不會有無用之物。
火
土
金
水
木
這可以說是最接近道的大智慧了。

所以，善人可以做不善人的老師。
如果不尊敬師長，如果不珍重過往的經驗，即使再自作聰明，其實也是個糊塗蟲。
這可以說是為人處世的妙訣。
老子

第二十八章

知其雄，守其雌，為天下谿。為天下谿，常德不離，復歸於嬰兒。知其白，守其黑，為天下式。為天下式，常德不忒，復歸於無極。知其榮，守其辱，為天下谷。為天下谷，常德乃足，復歸於樸。樸散則為器，聖人用之，則為官長，故大制不割。

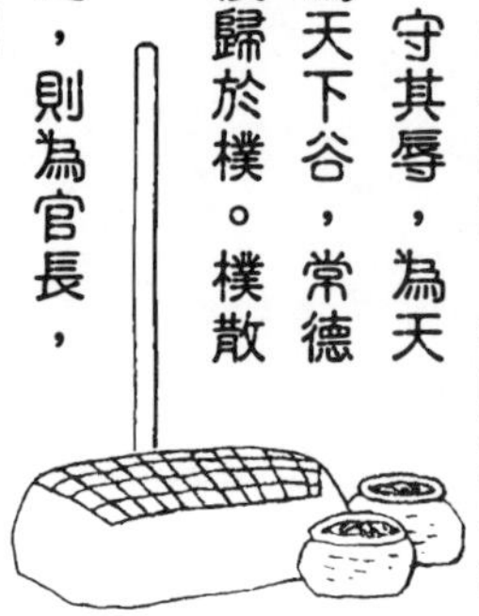

懂得了雄健剛強，卻安於雌弱柔順，就像天下的溪流。

甘作天下的溪流，永恆的德就不會流失，人的心靈就會重返到本來的狀態，就像純潔的嬰兒。

知道什麼是光明，卻寧願位處昏暗，能夠做到這樣就可以成為天下的楷模。
能夠成為天下楷模的人，他的所作所為就不會有差錯，所作所為沒有差錯，才可以回歸到廣大無窮的境界。
知道什麼是顯赫，卻寧願位處卑微，就像天下的低谷。

能甘作天下的低谷，那麼他對恆常不變的「德」的感悟也就會更加充足，對恆常不變的「德」的感悟更加充足，才可以回歸到「樸」的境界。
德
「樸」的道理經過演化，就化作我們看得見、摸得著的一切，聖人採用的也是這一方法，所以成為領袖。
樸
因此理想的社會制度不應割裂與「樸」的聯繫。
老子

第二十九章

將欲取天下而為之，吾見其不得已。天下神器，不可為也，不可執也。為者敗之，執者失之。

故或行或隨，
或歔或吹，
或強或羸，
或載或隳，
是以聖人去甚，去奢，去泰。

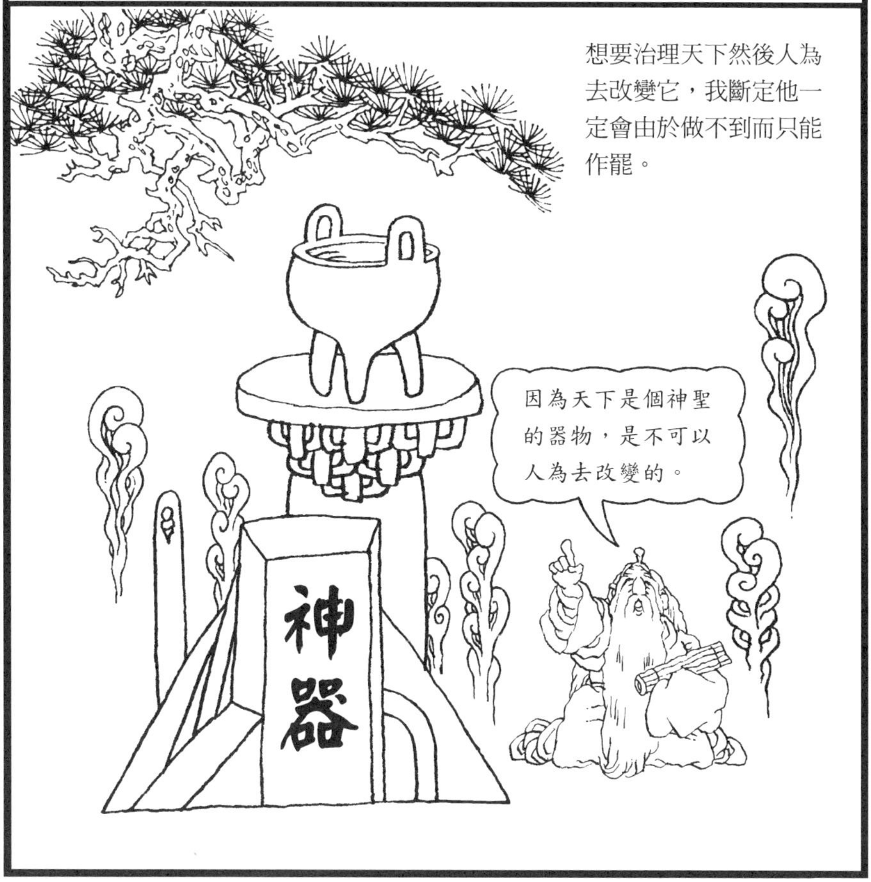
想要治理天下然後人為去改變它，我斷定他一定會由於做不到而只能作罷。
因為天下是個神聖的器物，是不可以人為去改變的。
神器

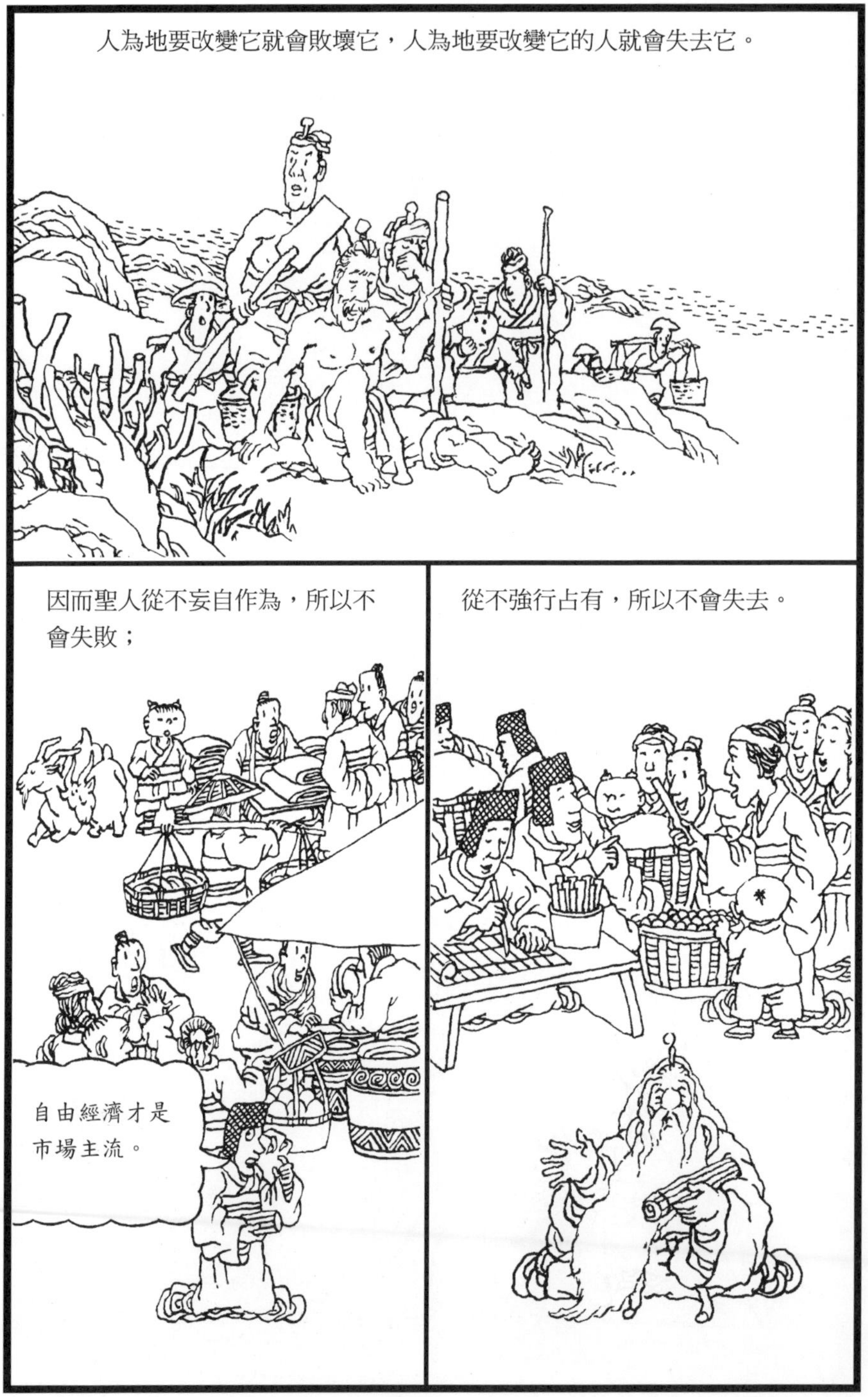
人為地要改變它就會敗壞它，人為地要改變它的人就會失去它。
因而聖人從不妄自作為，所以不會失敗；
自由經濟才是市場主流。
從不強行占有，所以不會失去。

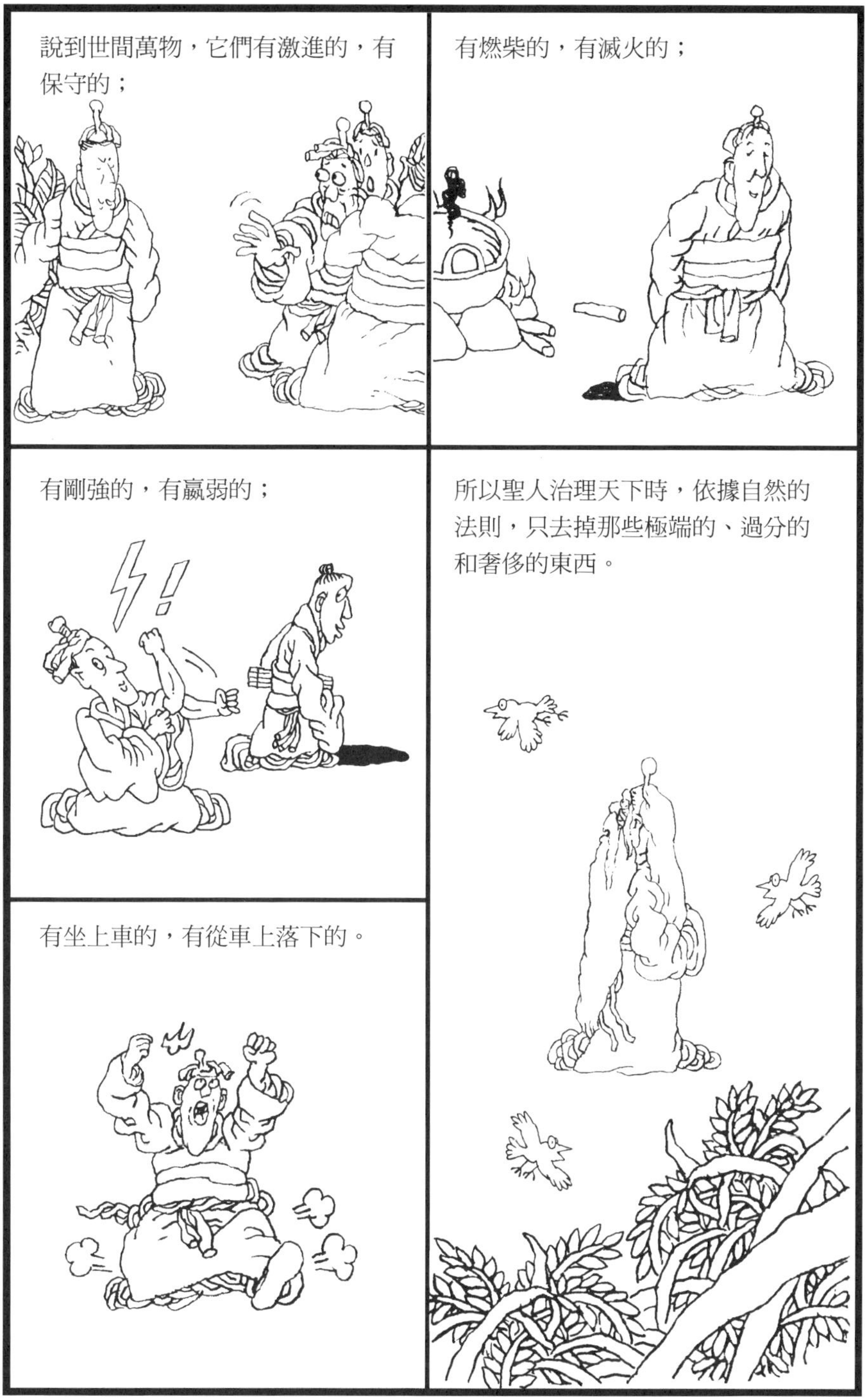
說到世間萬物，它們有激進的，有保守的；
有燃柴的，有滅火的；
有剛強的，有羸弱的；
有坐上車的，有從車上落下的。
所以聖人治理天下時，依據自然的法則，只去掉那些極端的、過分的和奢侈的東西。

第三十章

以道佐人主者，不以兵強天下。其事好還。師之所處，荊棘生焉，大軍之後，必有凶年。善有果而已，不敢以取強。果而勿矜，果而勿伐，果而勿驕，果而不得已，果而勿強。物壯則老，是謂不道。不道早已。

用「道」輔佐君王的人，一定不要依靠武力稱霸天下。

以道佐人主者
不以兵強天下

以力服人這種事一定會遭到報復。

軍隊所到之處，土地便會荒蕪，大戰過後，必然發生饑荒。

善於用兵的人，只要達到目的就可以了，而不能濫用武力去逞強。

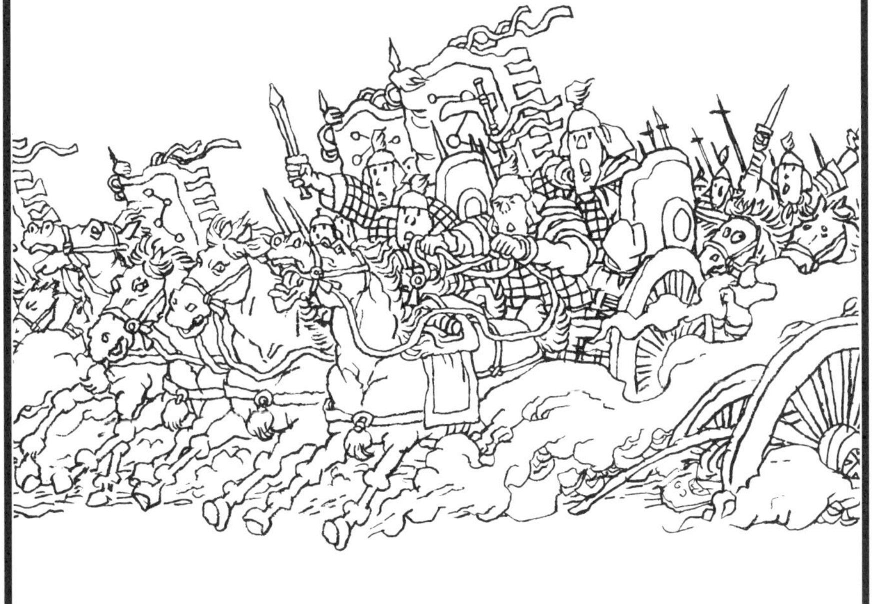

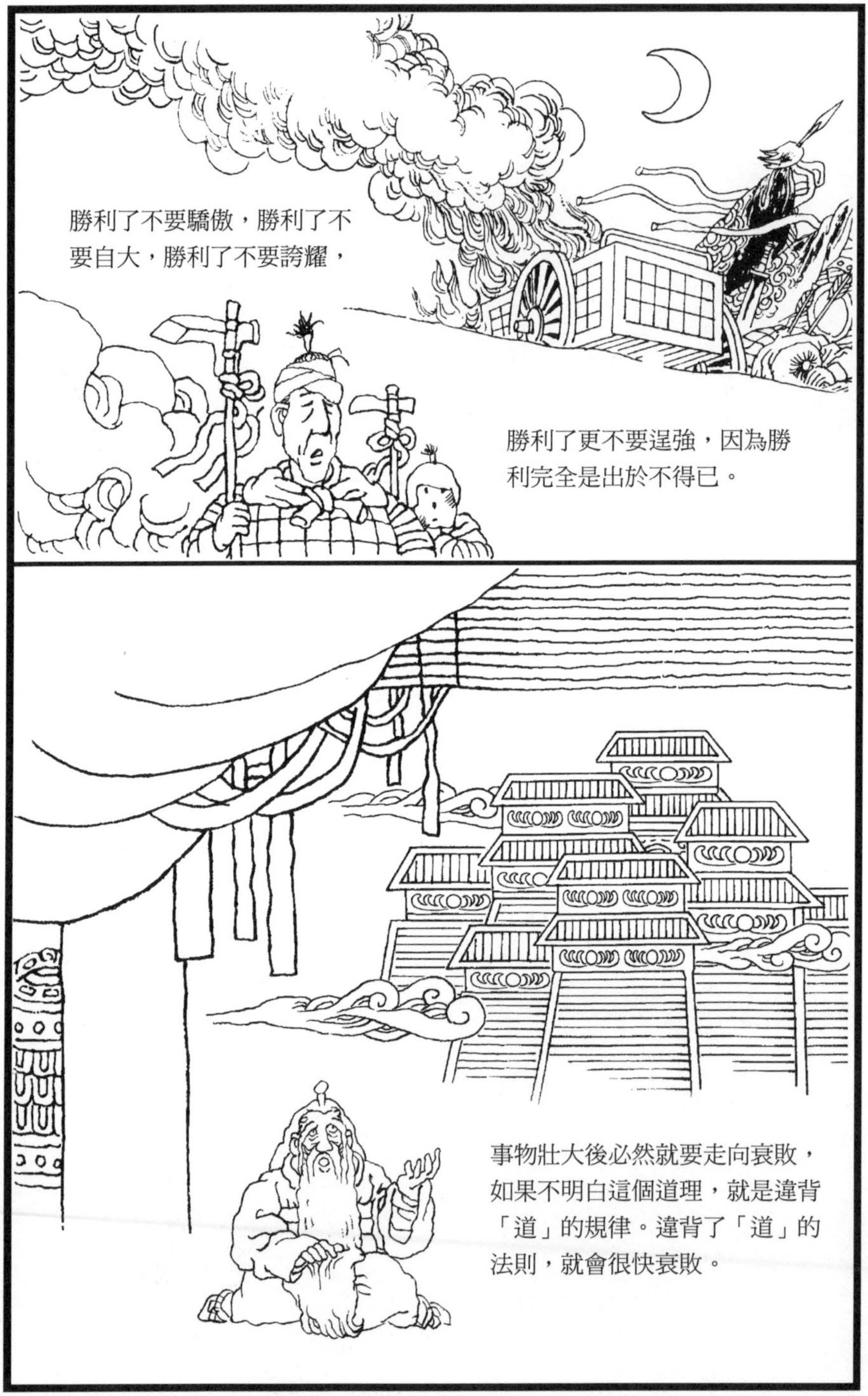
勝利了不要驕傲，勝利了不要自大，勝利了不要誇耀，
勝利了更不要逞強，因為勝利完全是出於不得已。
事物壯大後必然就要走向衰敗，如果不明白這個道理，就是違背「道」的規律。違背了「道」的法則，就會很快衰敗。

第三十一章

夫佳兵者，不祥之器，物或惡之，故有道者不處。君子居則貴左，用兵則貴右。兵者不祥之器，非君子之器，不得已而用之，恬淡為上。勝而不美，而美之者，是樂殺人。夫樂殺人者，則不可得志於天下矣。吉事尚左，凶事尚右。偏將軍居左，上將軍居右。言以喪禮處之。殺人之眾，以哀悲泣之；戰勝，以喪禮處之。

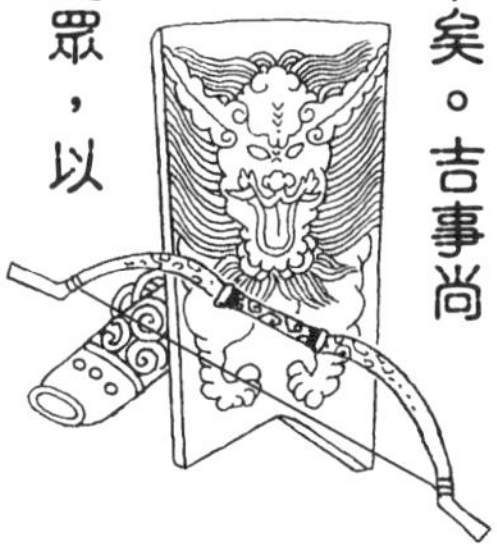

說到兵器啊，它是個不祥的東西，連鬼神都厭惡它。所以有道的君子不用它去解決問題。

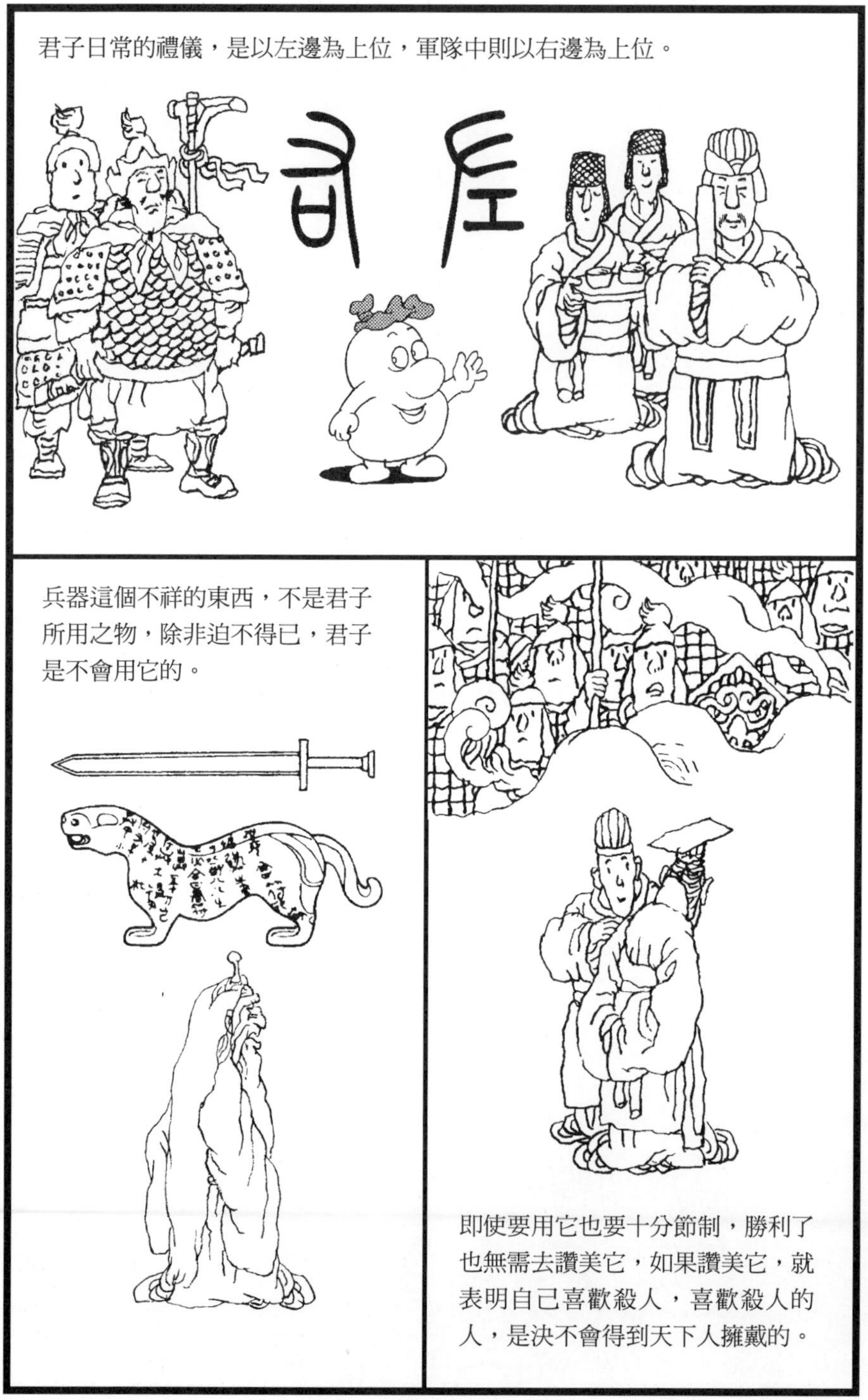
君子日常的禮儀，是以左邊為上位，軍隊中則以右邊為上位。
兵器這個不祥的東西，不是君子所用之物，除非迫不得已，君子是不會用它的。
即使要用它也要十分節制，勝利了也無需去讚美它，如果讚美它，就表明自己喜歡殺人，喜歡殺人的人，是決不會得到天下人擁戴的。

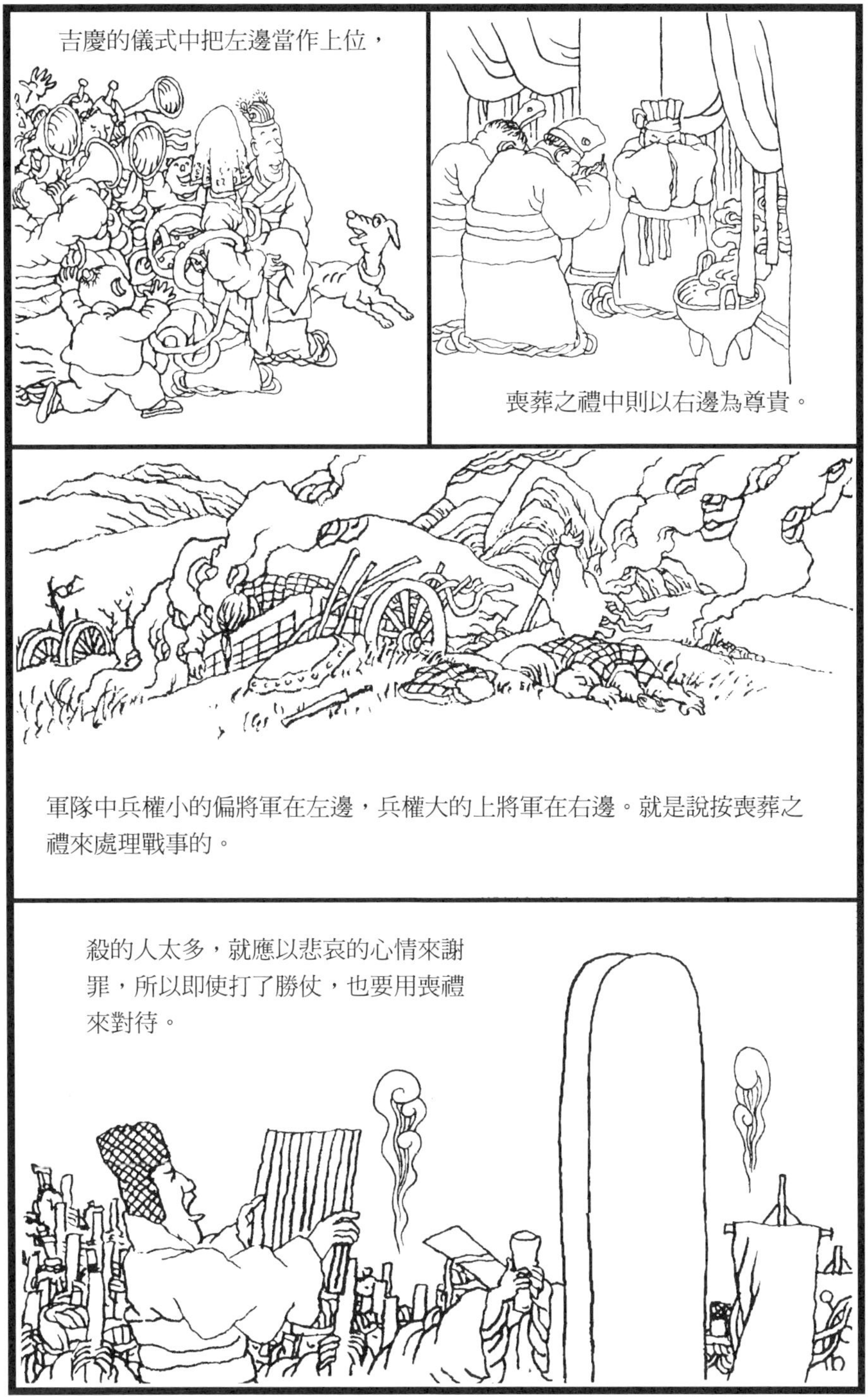
吉慶的儀式中把左邊當作上位，
喪葬之禮中則以右邊為尊貴。
軍隊中兵權小的偏將軍在左邊，兵權大的上將軍在右邊。就是說按喪葬之禮來處理戰事的。
殺的人太多，就應以悲哀的心情來謝罪，所以即使打了勝仗，也要用喪禮來對待。

第三十二章

道常無名，樸，雖小，天下莫能臣也。侯王若能守之，萬物將自賓。天地相合，以降甘露，民莫之令而自均。始制有名，名亦既有，夫亦將知止，知止可以不殆。譬道之在天下，猶川谷之與江海。

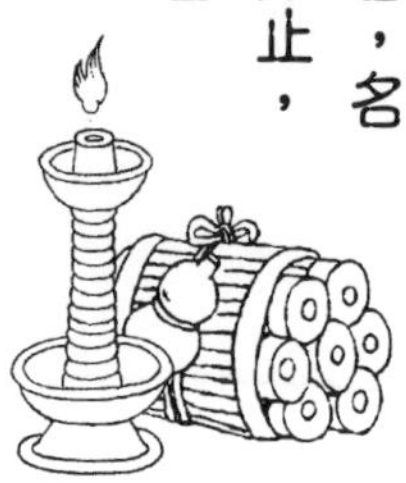

「道」是永恆的，卻沒法給它起一個恰當的名字。

「樸」儘管無法再小，可是天下卻沒有誰能去左右它。

君王若能謹守它，萬物就能自動向他歸順。

天地之氣交合，就會降下甜美的雨露，大家誰也沒去指使它，它卻分布得很均勻。

當天下需要管理的時候，也就產生了名分，名分產生了，也就應該懂得進退之道。

假如把「道」的法則應用到整個天下，就像所有的溪流都歸入了江海。

第三十三章

知人者智，自知者明。勝人者有力，自勝者強。知足者富，強行者有志，不失其所者久，死而不亡者壽。

能夠了解別人的人一定是有足夠智慧的人，

能夠了解自己的人，
才算真正聰明的人。

能夠戰勝別人的人一定是有足夠力量的人，能夠戰勝自己的人，才算真正堅強的人。

知道滿足的就是富有，勤奮努力的才算有志。

不喪失人生操守的可以說是長久，生命消亡而精神不朽的，才算是長壽。

第三十四章

大道氾兮，其可左右。萬物恃之以生而不辭，功成而不有。衣養萬物而不為主。常無欲，可名於「小」；萬物歸焉而不為主，可名為「大」。以其終不自為大，故能成其大。

大道的原理漫無邊際，就像滔滔的洪水，可左可右，無所不到。

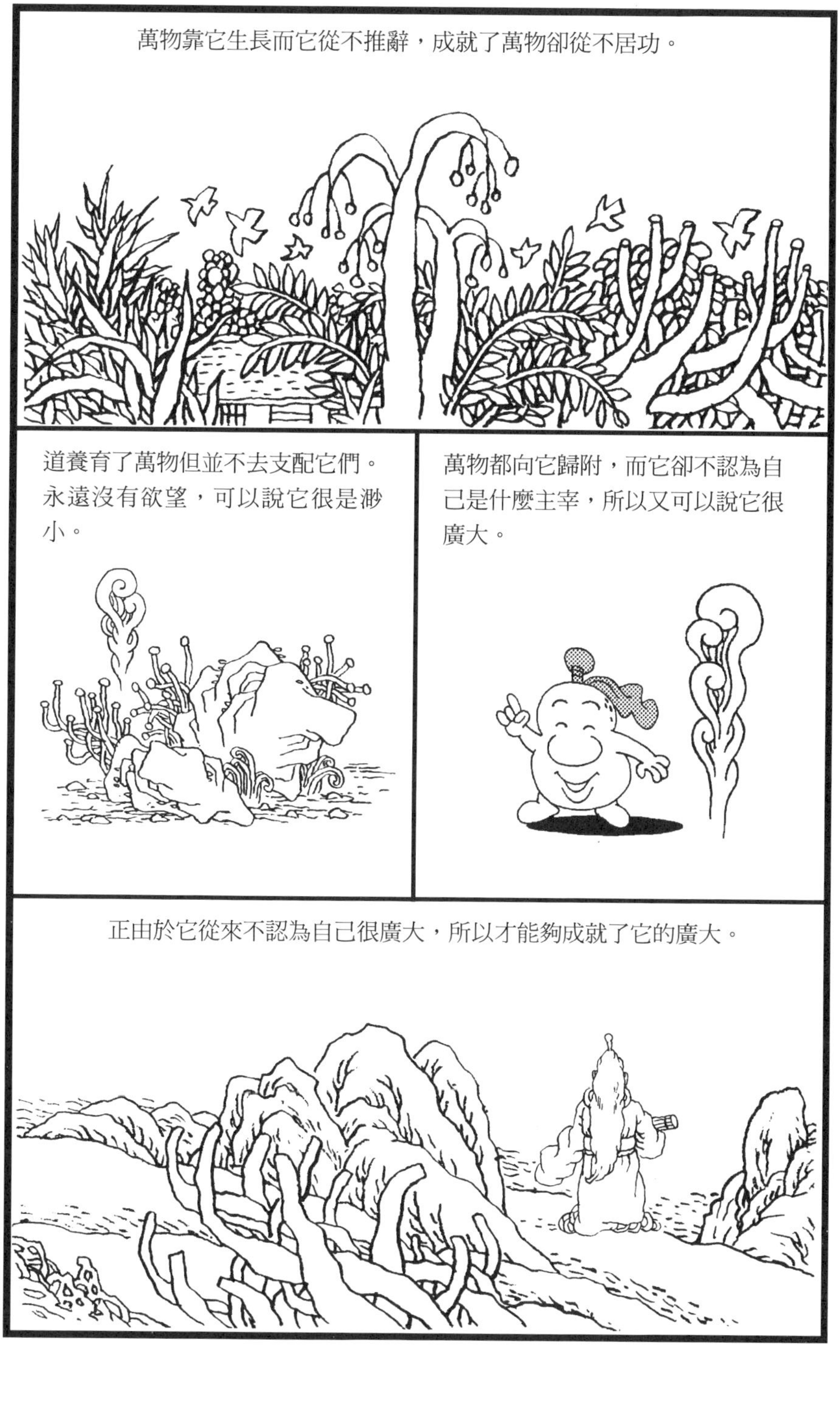
萬物靠它生長而它從不推辭，成就了萬物卻從不居功。
道養育了萬物但並不去支配它們。永遠沒有欲望，可以說它很是渺小。
萬物都向它歸附，而它卻不認為自己是什麼主宰，所以又可以說它很廣大。
正由於它從來不認為自己很廣大，所以才能夠成就了它的廣大。

第三十五章

執大象，天下往。往而不害，安平泰。樂與餌，過客止。道之出口，淡乎其無味，視之不足見，聽之不足聞，用之不足既。

掌握了大道的法則，天下就會向他歸附；

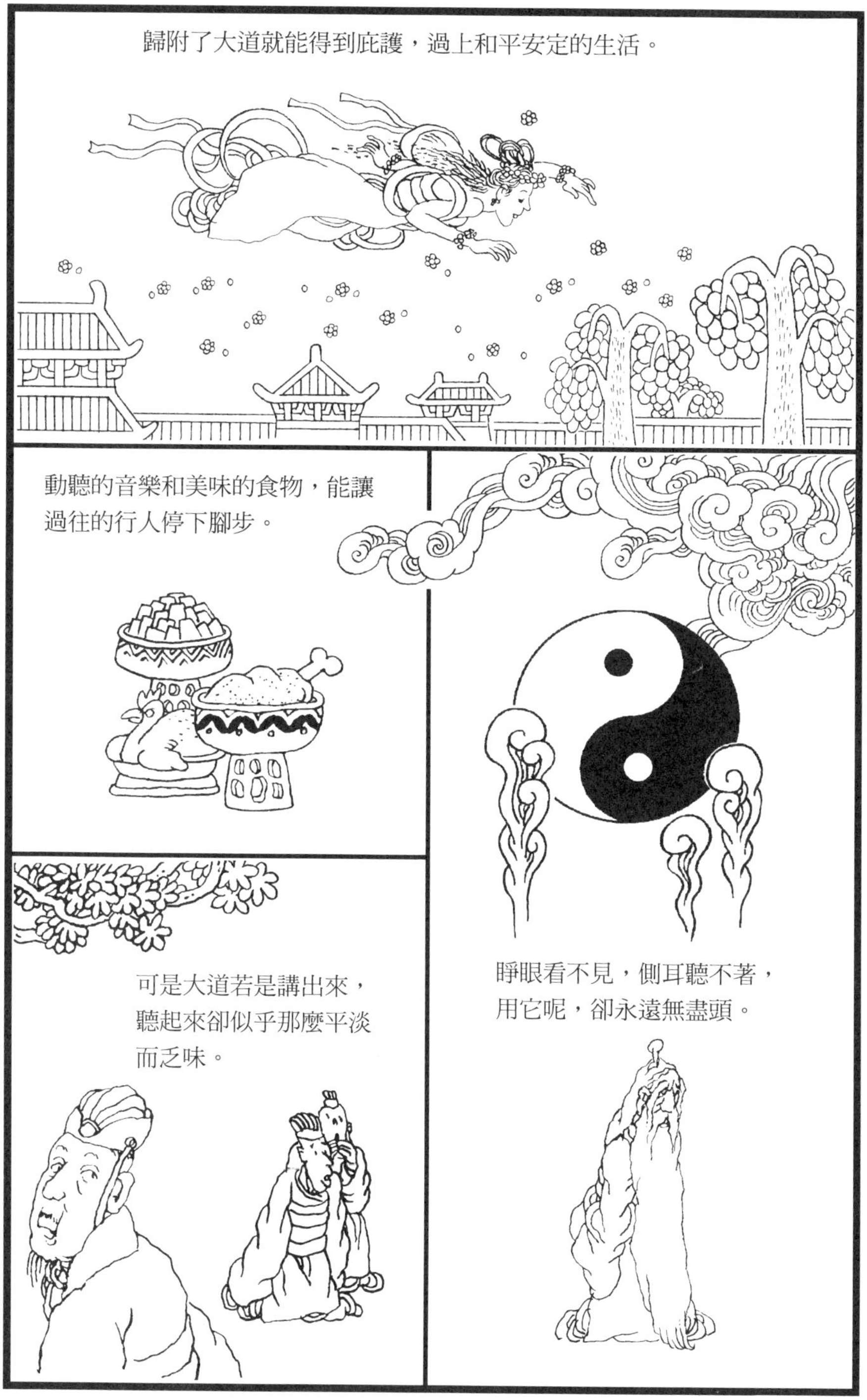
歸附了大道就能得到庇護，過上和平安定的生活。
動聽的音樂和美味的食物，能讓過往的行人停下腳步。
可是大道若是講出來，聽起來卻似乎那麼平淡而乏味。
睜眼看不見，側耳聽不著，用它呢，卻永遠無盡頭。

第三十六章

將欲歙之，必固張之；將欲弱之，必固強之；將欲廢之，必固舉之；將欲奪之，必固與之。是謂『微明』。柔弱勝剛強。魚不可脫於淵，國之利器不可以示人。

若要捉住它，必須故意放開它。

若要削弱它，必須故意增強它。

若要廢棄它，必須故意抬舉它。

若要剝奪它，必須故意給予它。

這是一種奧妙的道理，因為柔弱才能使對方放鬆戒備，最終戰勝剛強。
嘩——
魚是不能離開深淵的，
國家的核心機密，是不可以公開的。
老子

第三十七章

道常無為而無不為。侯王若能守之，萬物將自化。化而欲作，吾將鎮之以無名之樸。夫亦將無欲，無欲以靜，天下將自正。

「道」默默運行著，看起來似乎無所作為，實際上卻無所不為。君主如果能夠謹守這一法則，那麼天下都將向他歸化。

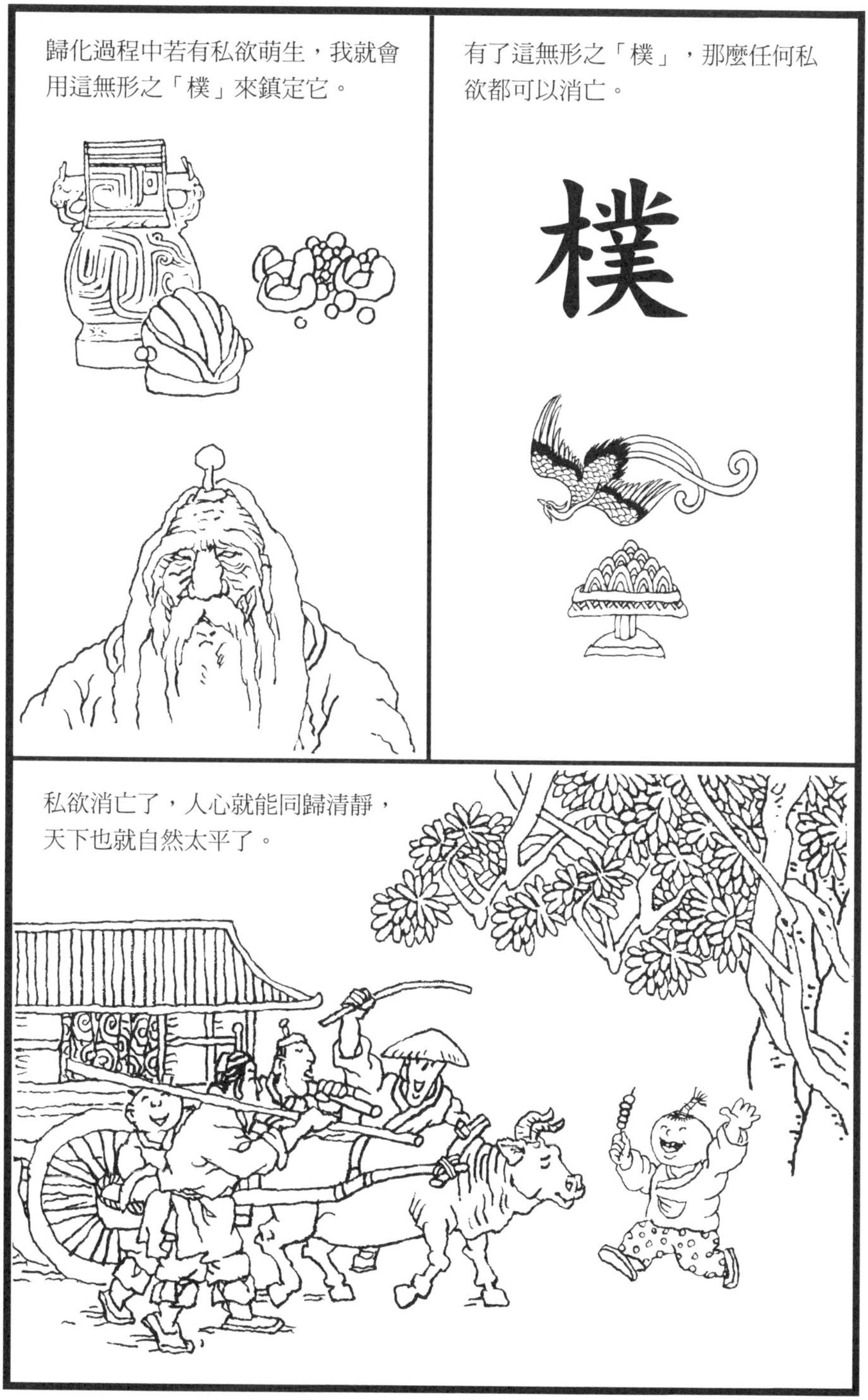
歸化過程中若有私欲萌生，我就會用這無形之「樸」來鎮定它。
有了這無形之「樸」，那麼任何私欲都可以消亡。
樸
私欲消亡了，人心就能同歸清靜，天下也就自然太平了。

下篇

德

上德不德，是以有德；下德不失德，是以無德。上德無爲而無以爲；下德爲之而有以爲。

第三十八章

上德不德，是以有德；下德不失德，是以無德。上德無為而無以為；下德為之而有以為。上仁為之而無以為；上義為之而有以為。上禮為之而莫之應，則攘臂而扔之。故失道而後德，失德而後仁，失仁而後義，失義而後禮。夫禮者，忠信之薄，而亂之首。前識者，道之華而愚之始。是以大丈夫處其厚，不居其薄；處其實，不居其華。故去彼取此。

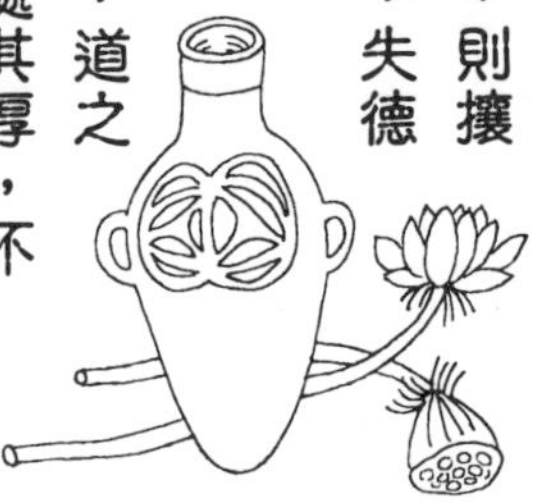

最高境界的「德」不認為自己有德，所以才是真的有「德」；

較低層次的「德」總以為自己有德，因而實際上是沒有「德」。

最高境界的「德」是自然而然的，而不是刻意表現出來的；較低層次的「德」則是生硬的表現，而不是自然而然的。

最高境界的「仁」有所作為，但完全出於無意；

最高境界的「義」有所作為，但已經出於故意。

最高境界的「禮」有所作為，但卻得不到回應，然後就捋胳膊挽袖子，生拉硬扯使人按禮的規範去做。

所以失去了「道」，然後才有了「德」。
德
失去了「德」，然後才有了「仁」。
仁
失去了「仁」，然後才有了「義」。
失去了「義」，然後才有了「禮」。
「禮」這個東西，是忠信淡薄、邪亂的禍首。
禮
孔子

歷史的經驗表明，道德的浮華也就是愚昧的開始。
所以，頂天立地的君子，為人厚道而不勢利，處事平實而不尚奢華。
所以要捨棄庸俗淺薄，而選擇平實敦厚。

第三十九章

昔之得一者——天得一以清，地得一以寧，神得一以靈，谷得一以盈，萬物得一以生，侯王得一以為天下正。其致之。天無以清，將恐裂；地無以寧，將恐廢；神無以靈，將恐歇；谷無以盈，將恐竭；萬物無以生，將恐滅；侯王無以貴高，將恐蹶。故貴以賤為本，高以下為基。是以侯王自謂孤、寡、不穀。此非以賤為本耶？非乎？故致數譽無譽，不欲琭琭如玉，珞珞如石。

自古以來，宇宙萬物都是由「道」這個一所產生的：其中天得到一因而清明；

[redacted]

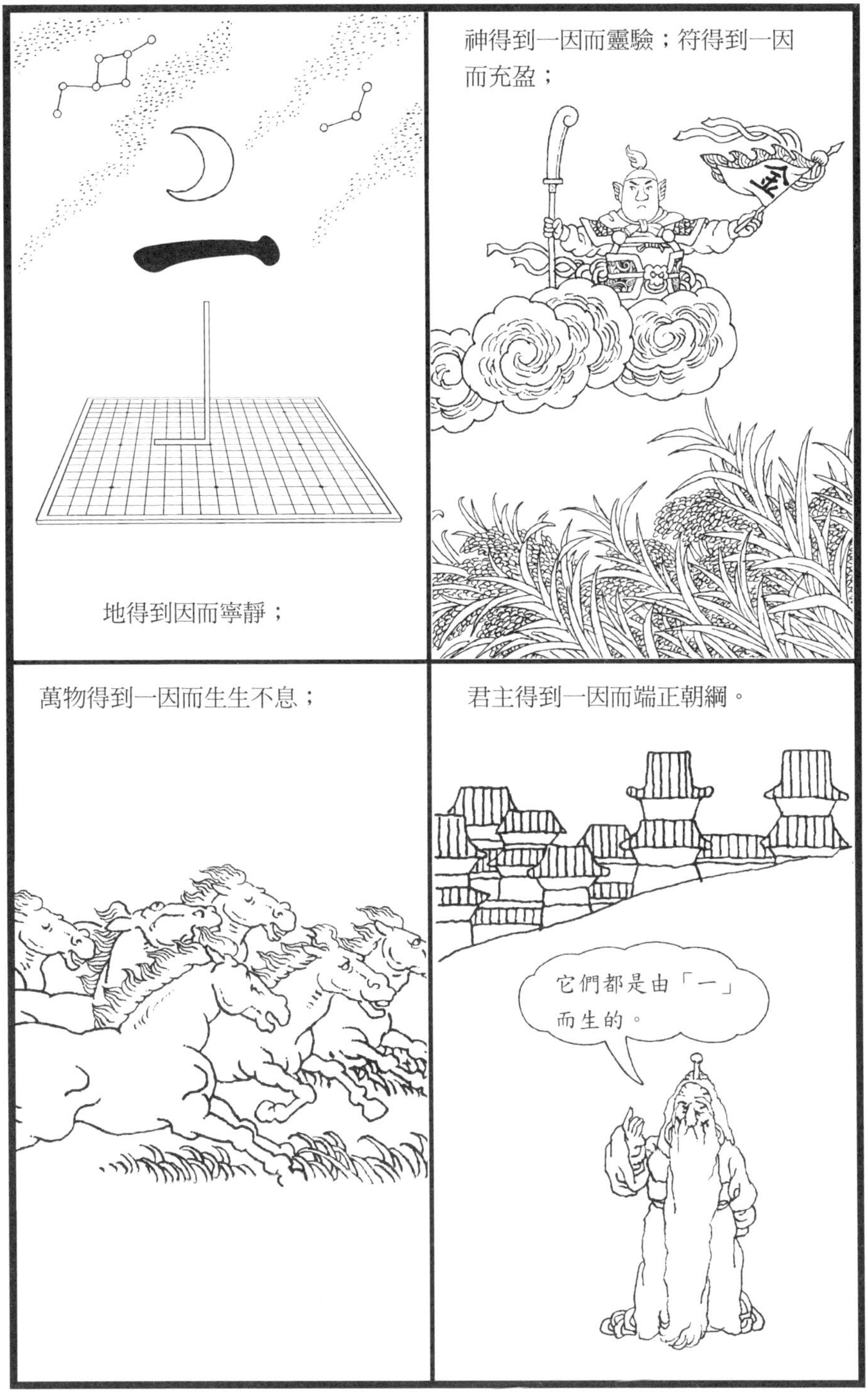
一
地得到因而寧靜；
神得到一因而靈驗；符得到一因而充盈；
萬物得到一因而生生不息；
君主得到一因而端正朝綱。
它們都是由「一」而生的。

假如天不能保持清明，恐怕就要坍塌；
假如地不能保持寧靜，恐怕就要顫抖；
嘭
嘭
假如神不能保持靈驗，恐怕就要消失；
?!
假如山谷不能保持充盈，恐怕就要枯竭；
假如萬物不能保持生化，恐怕就要滅絕；

尊以賤作為根本，高將下作為基礎。所以，君主都以孤獨寡德和兇惡不善這些充滿貶義的辭彙來作自稱。
這不就是以賤作為他的根本嗎？難道不是嗎？所以羅織許多美譽的人反而不被人們稱頌。
因而有道德修養的君子不會企求自己像璀璨的美玉那樣受到過分關注，而是要像頑石一般暗然無光，甘於寂寞。
老子

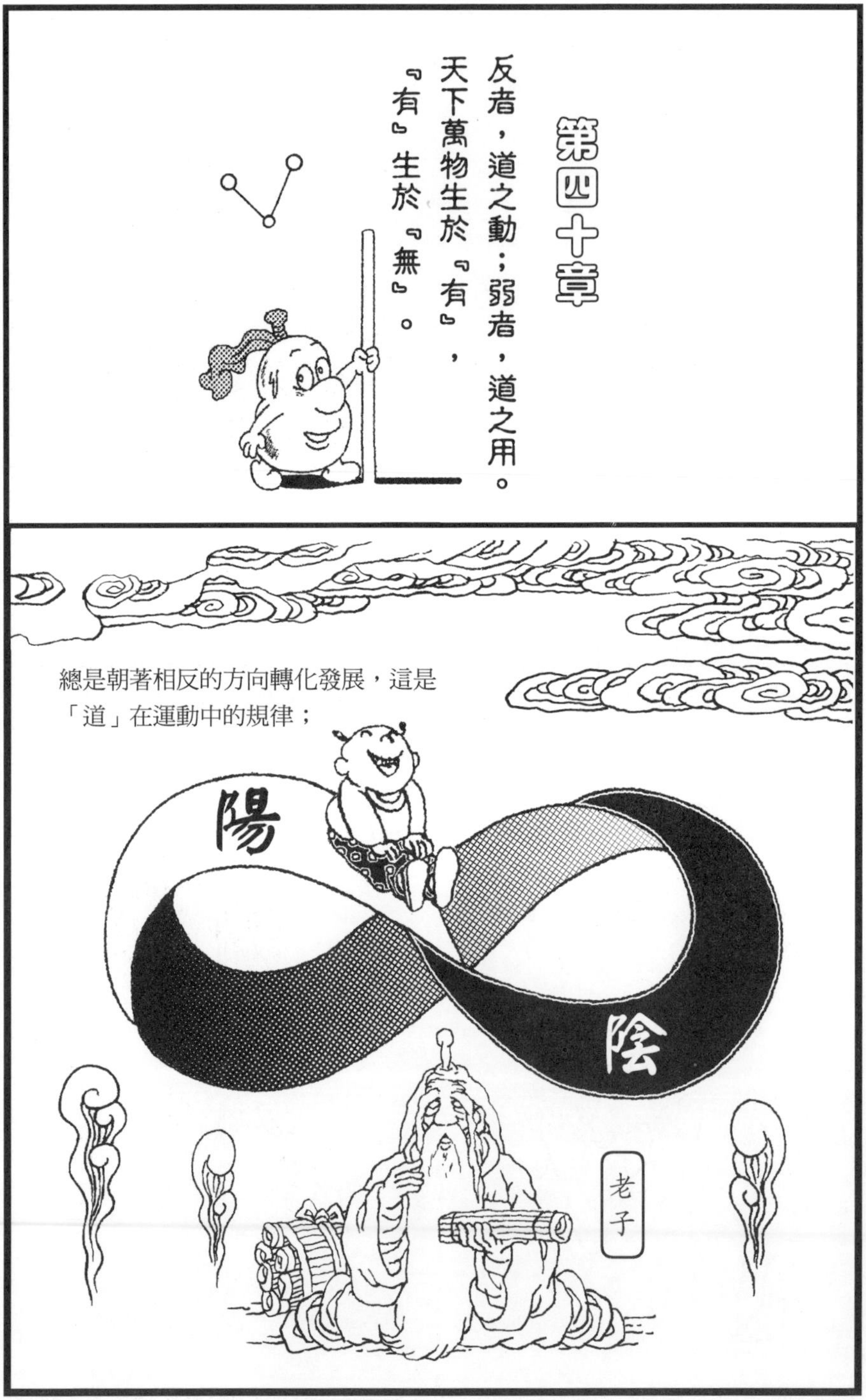
第四十章
反者，道之動；弱者，道之用。
天下萬物生於『有』，
『有』生於『無』。
總是朝著相反的方向轉化發展，這是「道」在運動中的規律；
陽
陰
老子

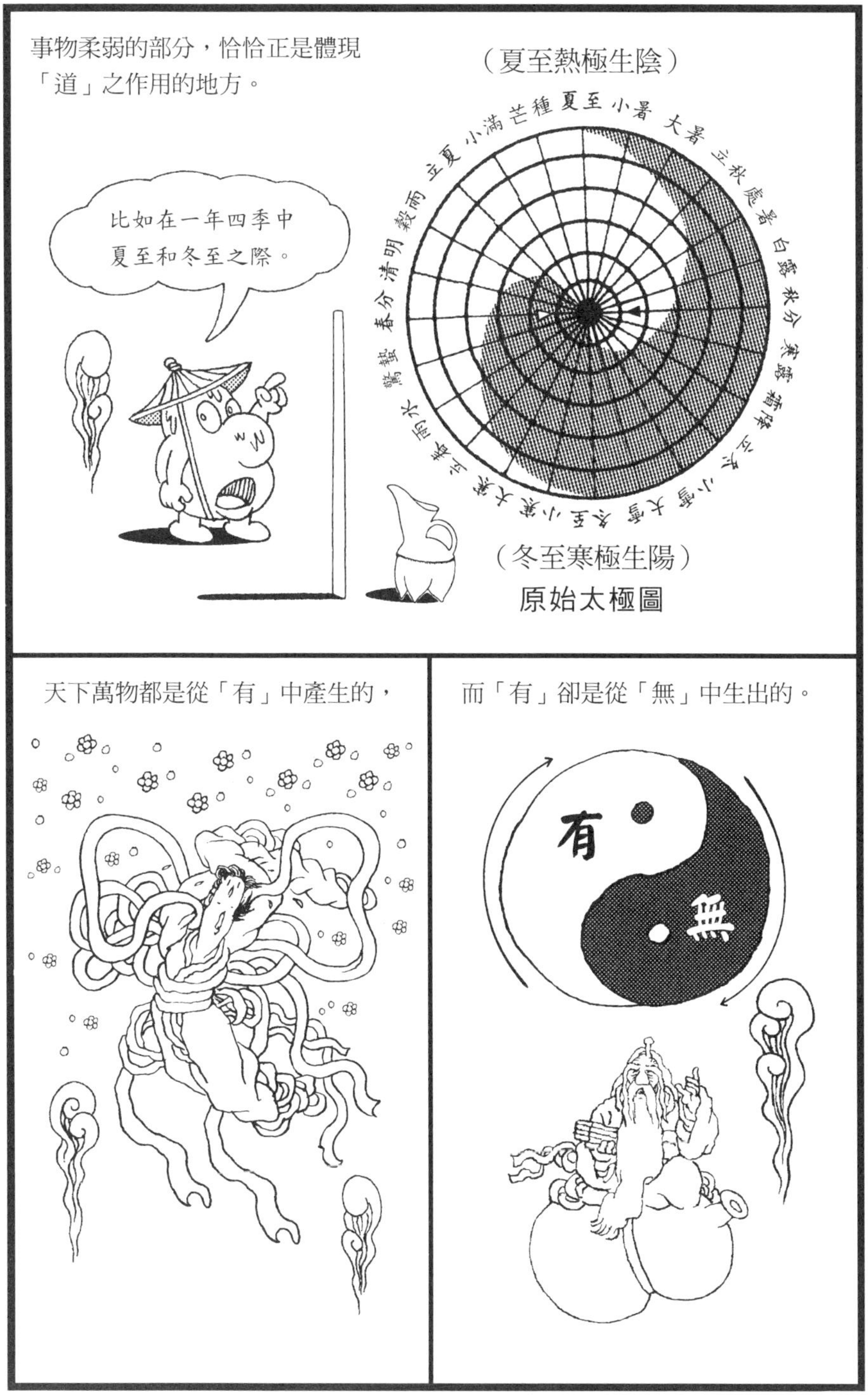
事物柔弱的部分，恰恰正是體現「道」之作用的地方。
比如在一年四季中夏至和冬至之際。
（夏至熱極生陰）
春分 清明 穀雨 立夏 小滿 芒種 夏至 小暑 大暑 立秋 處暑 白露 秋分 寒露 霜降 立冬 小雪 大雪 冬至 小寒 大寒 立春 雨水 驚蟄
（冬至寒極生陽）
原始太極圖
天下萬物都是從「有」中產生的，
而「有」卻是從「無」中生出的。
有
無

第四十一章

上士聞道，勤而行之；中士聞道，若存若亡；下士聞道，大笑之。不笑，不足以為道。故建言有之：明道若昧，進道若退，夷道若纇，上德若谷，大白若辱，廣德若不足，建德若偷，質真若渝。大方無隅，大器晚成。大音希聲，大象無形，道隱無名。夫唯道，善貸且成。

道
上士聽到「道」後，便會堅持不懈地去實行它。

中士聽到「道」後，只會半信半疑。

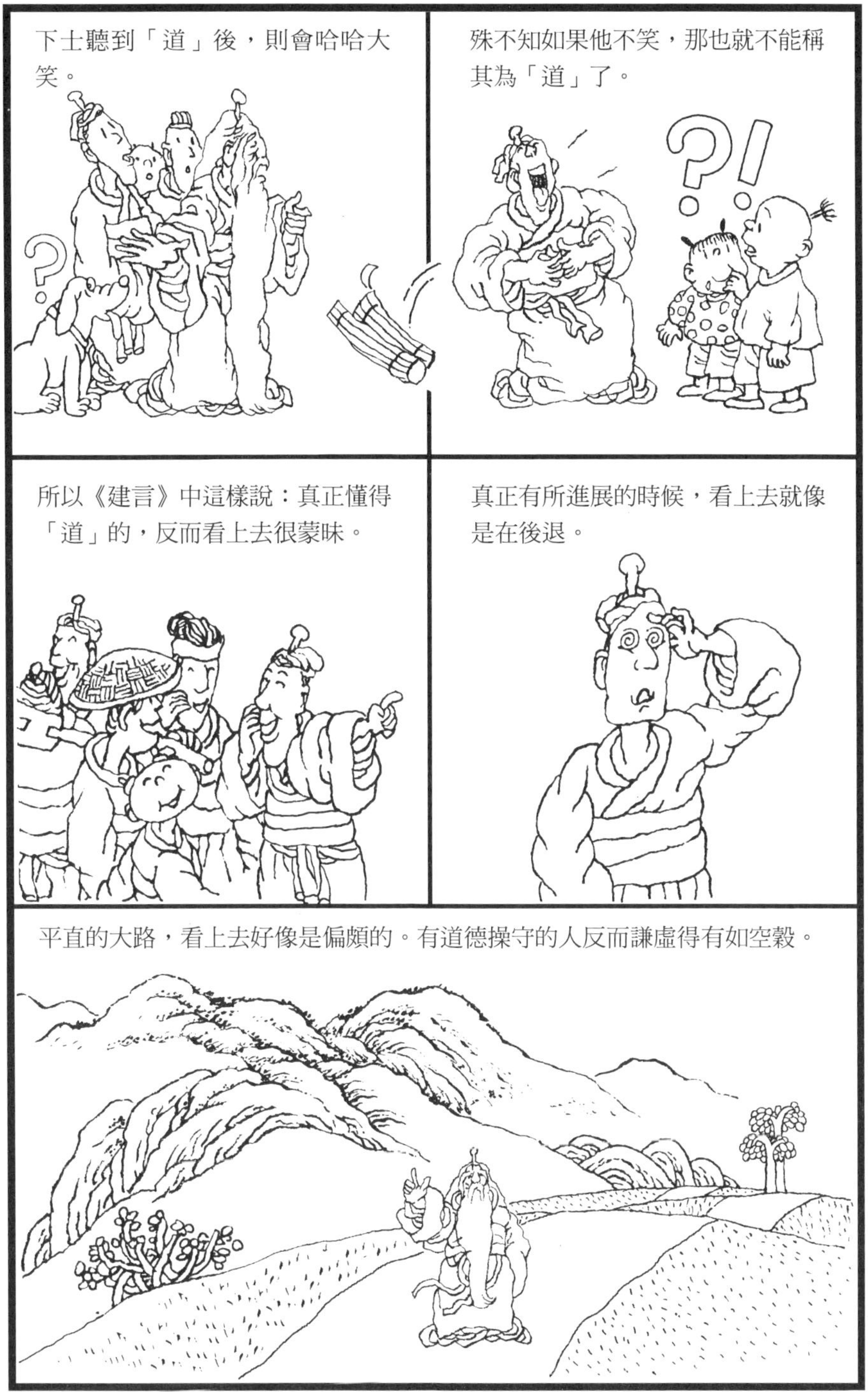
下士聽到「道」後，則會哈哈大笑。
殊不知如果他不笑，那也就不能稱其為「道」了。
所以《建言》中這樣說：真正懂得「道」的，反而看上去很蒙昧。
真正有所進展的時候，看上去就像是在後退。
平直的大路，看上去好像是偏頗的。有道德操守的人反而謙虛得有如空穀。

最潔白的東西，反而如同含垢的黑色。
最廣大的「德」看上去顯得不足。
剛健的「德」看上去卻似乎怠惰。
純樸的「德」看上去卻像是虛偽。
德
最大的方正反而找不到邊際。

最大的器物一定遲遲才能製成。
最大的聲音一定聽不到，最大的形象一定看不見。
「道」隱藏於萬物之中，所以沒有名稱。正是這個「道」，它不但撫育了萬物，而且成就了萬物。

第四十二章

道生一，一生二，二生三，三生萬物。萬物負陰而抱陽，沖氣以為和。

「道」是宇宙賴以存在的終極物質，萬物創始的步驟是這樣的：首先由「道」產生出原始混沌的元氣……

然後由元氣化生出陰陽二氣，陰陽二氣發生作用，就產生了沖和之氣，沖和之氣進一步發生作用，就生出了有形的萬物。

萬物無不包含著陰和陽兩種因素，是看不見的沖和之氣使它們聚而成形。

第四十三章

天下之至柔，馳騁天下之至堅。無有入無間。吾是以知無為之有益。不言之教，無為之益。天下希及之。

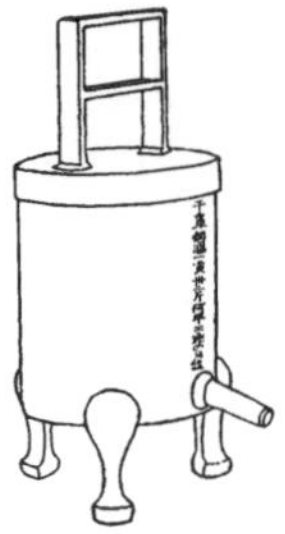

天下最柔弱的東西，常常能夠駕馭天下最堅硬的東西。
老子

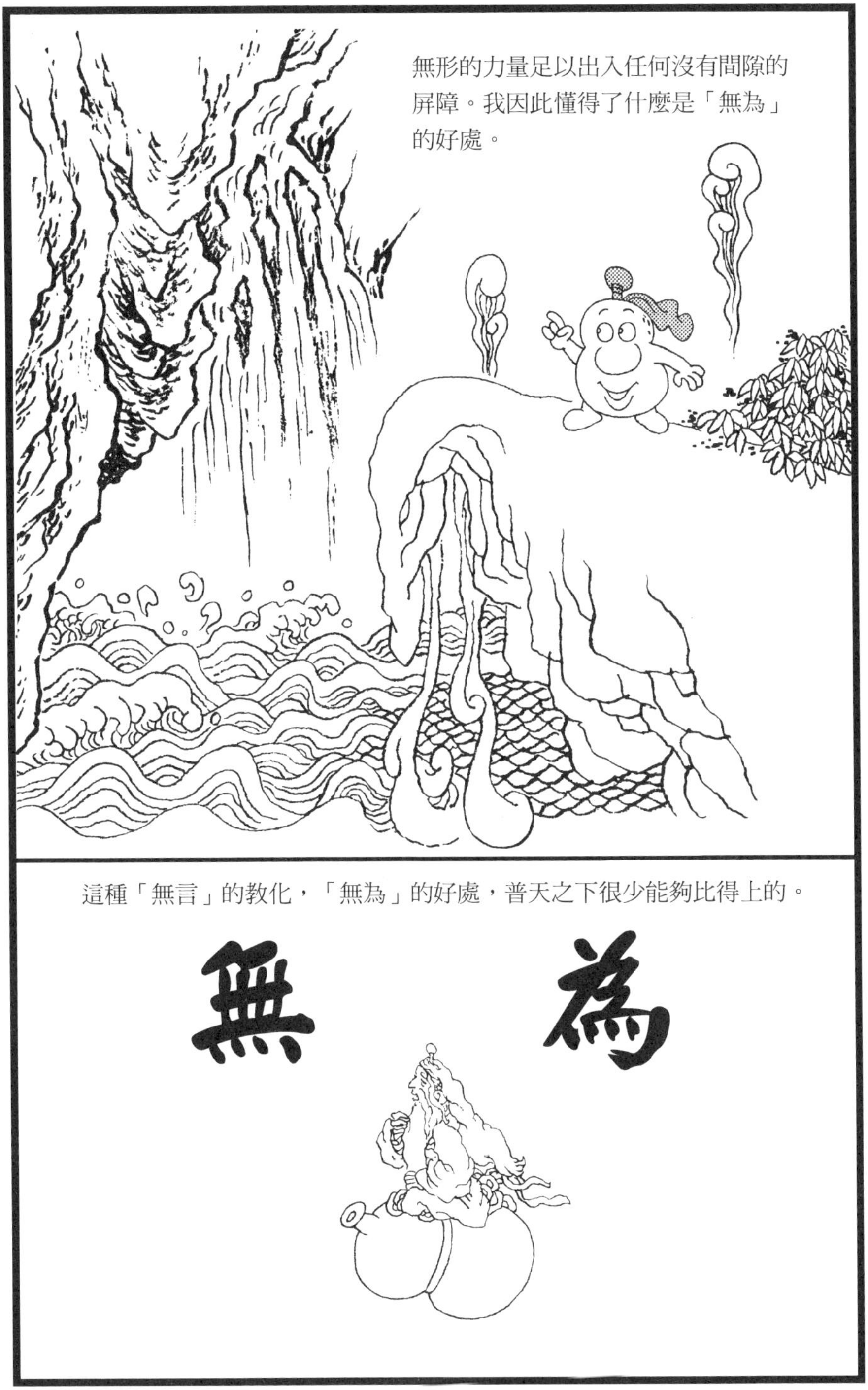
無形的力量足以出入任何沒有間隙的
屏障。我因此懂得了什麼是「無為」
的好處。
這種「無言」的教化，「無為」的好處，普天之下很少能夠比得上的。
無爲

第四十四章
名與身孰親？身與貨孰多？得與亡孰病？甚愛必大費，多藏必厚亡。知足不辱，知止不殆，可以長久。
名譽和生命比起來，哪一個更可愛？
生命和財富比起來，哪一個更珍貴？
名利
生命

得到名譽和喪失生命比起來，哪一個更有害？
得 失
因此過分的吝嗇必定會造成更大的損失，過多的收藏必定會招致更大的耗費。
知道滿足就不會蒙受羞辱，懂得適度就不會遇到麻煩。
這樣才可以使自己的生命安全和長久。

第四十五章

大成若缺，其用不弊；大盈若沖，其用不窮；大直若屈，大巧若拙，大辯若訥。躁勝寒，靜勝熱，清靜，為天下正。

最偉大的成就就像有缺陷，但它的作用卻無可超越；

最充盈的東西似乎是空虛的，但它的作用卻永無窮盡。

最正直的東西好像是彎曲的，
最靈巧的作品
好像很笨拙。
最雄辯的人似乎應對很遲鈍。
疾走可以戰勝寒冷，
安靜可以驅除暑熱，
清靜無為的法則可以使天下步人正
軌。

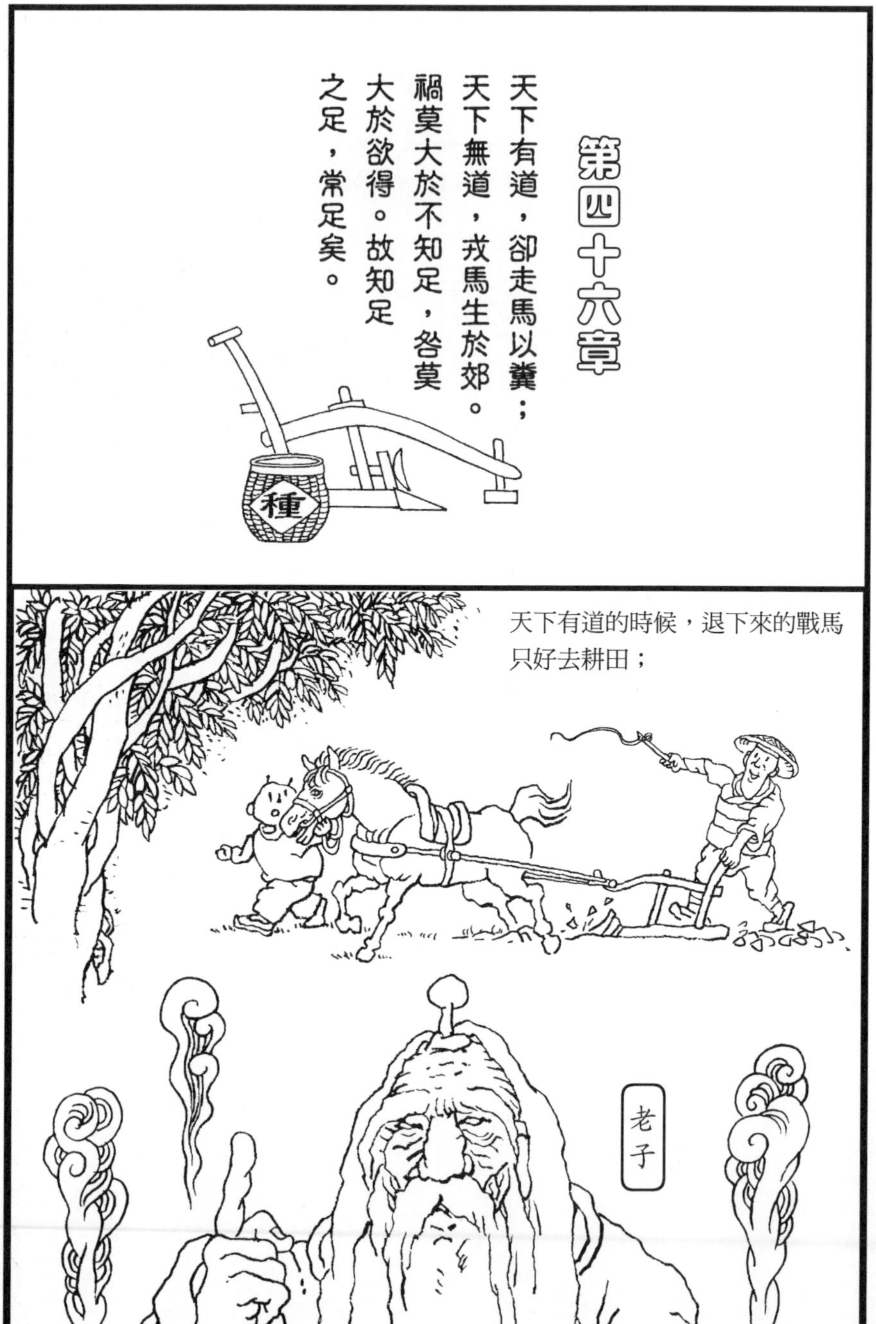
第四十六章
天下有道，郤走馬以糞；
天下無道，戎馬生於郊。
禍莫大於不知足，咎莫
大於欲得。故知足
之足，常足矣。
種
天下有道的時候，退下來的戰馬只好去耕田；
老子

天下混亂的時候，即使懷孕的母馬也被送上戰場，產駒於郊外。
沒有哪一種禍患比不知足更大了，沒有哪一種罪過比貪欲更大的了。
所以，只有懂得滿足的這種滿足，才可以稱做是永遠的滿足啊。

第四十七章

不出戶，知天下；不窺牖，見天道。其出彌遠，其知彌少。是以聖人不行而知，不見而名，不為而成。

因為深諳於「道」，所以真正的君子足不出門，就能知道天下大事，無須窺望窗外，就能知道自然的法則。

要是拘於表象，出外走得越遠，所知反而越少。
我們這兒只種山藥，不種土豆。
所以聖人不必到處奔走，就能了解事物的始末，
不必親眼所見，也能心知肚明，
不去人為干預，就能事業有成。

第四十八章

為學日益，為道日損。損之又損，以至於無為。無為而無不為。取天下常以無事，及其有事，不足以取天下。

求學的目的是為了日益增進知見，人們可以學到許多人為的知識和文化。
修道的目的則是為了減損執著，透過反省，人們可以去掉許多人為的知識和文化。

減損再減損，就能達到無為的境界。
因為只有透過無為，才能夠做到無所不為。
也就是說，在不破壞事物自然屬性的前提下，使其自發地達到存在和發展的最佳狀態。
治理國家要能順其自然，不能無事生非，如果政令繁複，生事擾民，那也就沒有什麼資格管理國家了。
十一×÷◎！

第四十九章

聖人常無心，以百姓心為心。善者，吾善之；不善者，吾亦善之，德善。信者，吾信之；不信者，吾亦信之，德信。聖人在天下，歙歙焉，為天下渾其心，百姓皆注其耳目，聖人皆孩之。

聖人從來都不固執己見，而總是以百姓的意見為意見。

善良的人，我會對他以善相待；不善的人，我也會對他以善相待，這樣做可以使大家都知道什麼是善。

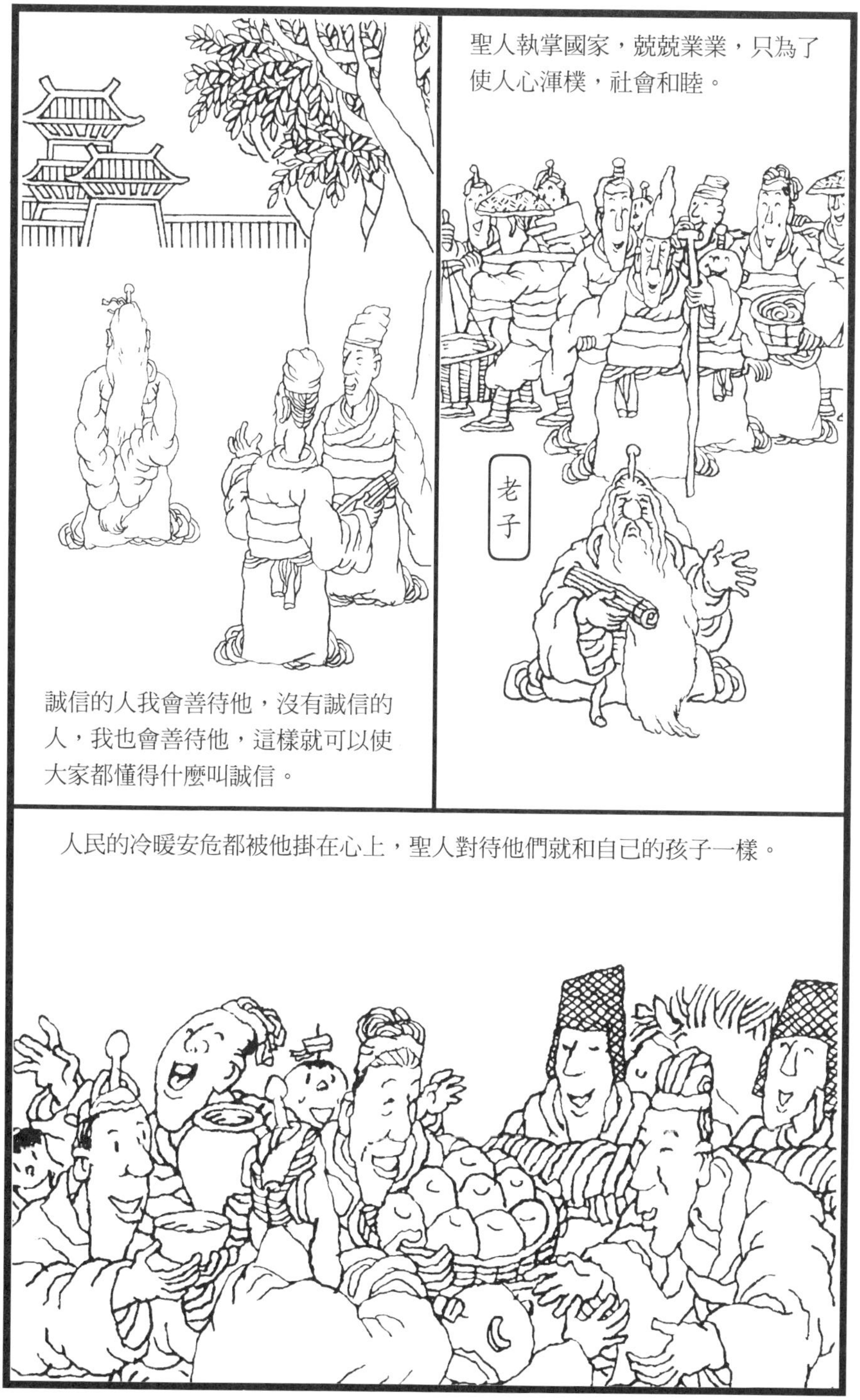
誠信的人我會善待他，沒有誠信的人，我也會善待他，這樣就可以使大家都懂得什麼叫誠信。
聖人執掌國家，兢兢業業，只為了使人心渾樸，社會和睦。
老子
人民的冷暖安危都被他掛在心上，聖人對待他們就和自己的孩子一樣。

第五十章

出生入死，生之徒，十有三；死之徒，十有三；人之生，動之死地，亦十有三。夫何故？以其生生之厚。蓋聞善攝生者，陸行不遇兕虎，入軍不被甲兵；兕無所投其角，虎無所措其爪，兵無所容其刃。夫何故？以其無死地。

人從出生起一直到死，能夠活到老的僅有十分之三。

短命夭折的有十分之三。

本來活得挺好，各種原因中途死亡的，也占十分之三。

這是什麼緣故呢？這是因為對養生之道過於生疏導致的。

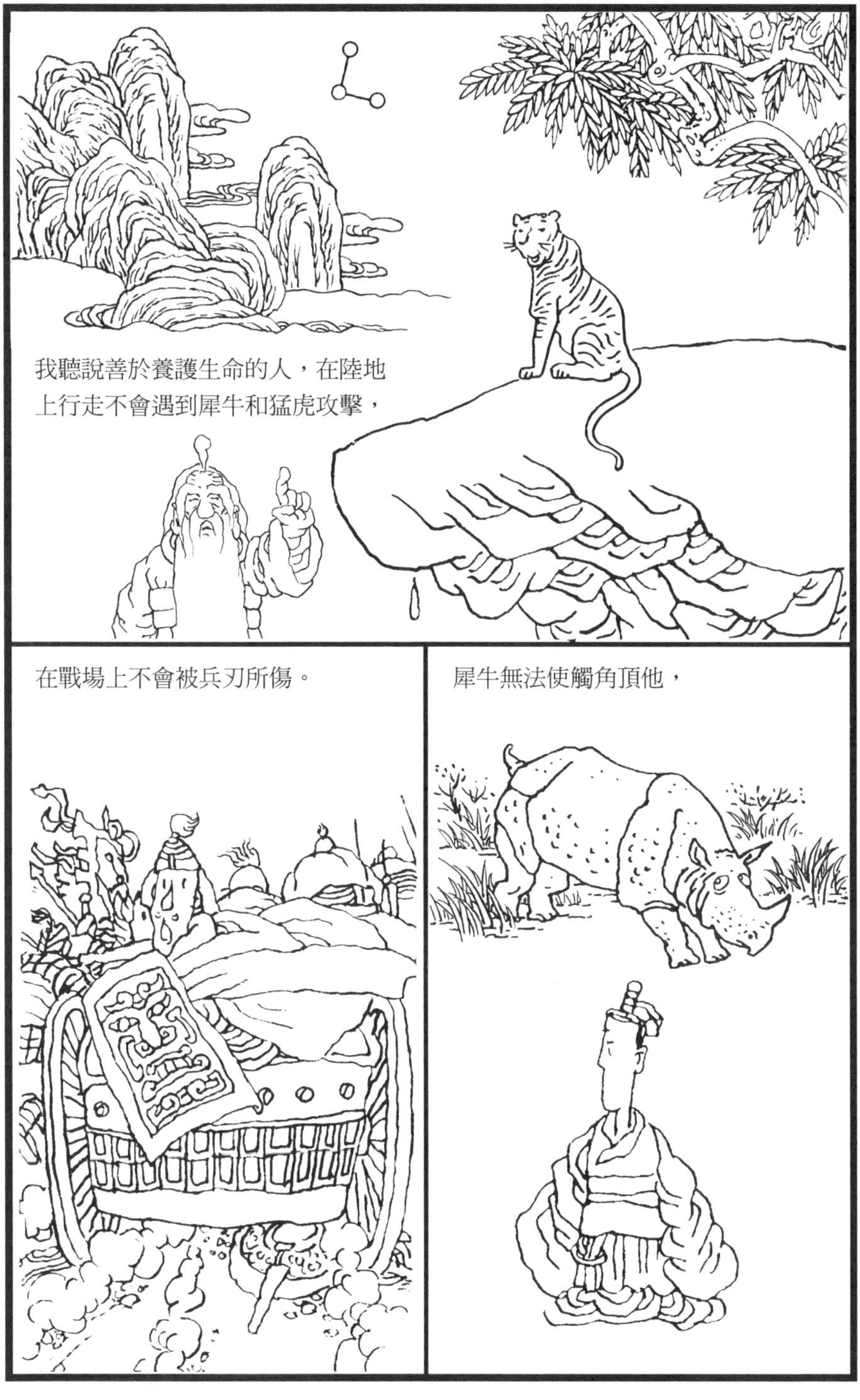
我聽說善於養護生命的人，在陸地
上行走不會遇到犀牛和猛虎攻擊，
在戰場上不會被兵刃所傷。
犀牛無法使觸角頂他，

老虎無法用
利爪撲他。
刀劍找不到刺他的部位。
這是什麼原因呢？因為他通曉了
「道」的真諦，從不莽撞胡來，所
以總能化險為夷。
道

第五十一章

道生之，德畜之，物形之，勢成之。是以萬物莫不尊道而貴德。道之尊，德之貴，夫莫之命而常自然。故道生之，德畜之，長之育之，亭之毒之，養之覆之。生而不有，為而不恃，長而不宰，是謂『玄德』。

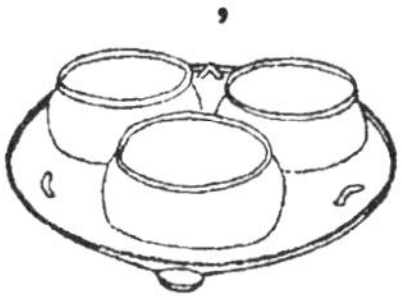

道德
道創造萬物，德養育萬物。道的功能使萬物產生了形體，德的力量使萬物成長壯大。
所以大家沒有不尊敬道和珍重德的。

道之所以被尊敬，德之所以被珍重，就在於它們不是由於接受了什麼使命，而是一切都出於自然而然。

所以，道創造了萬物，德養育了萬物，道德使萬物生長發育，讓萬物長出果實，叫萬物成熟壯大，對它們細心呵護。

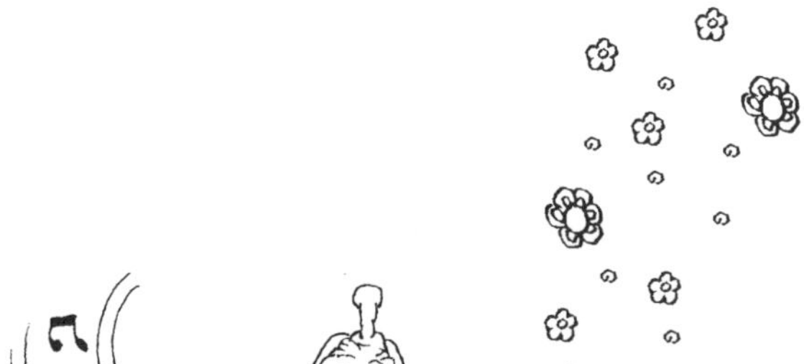

創造了萬物但並不據為己有，撫育了萬物並不自居其功，促成了萬物卻不專橫跋扈。
道
這才是道德的最高境界，我把它稱作「玄德」。
明白了這些道理，就應像自然一樣，生長了萬物卻並不占為己有。

養育了萬物而不自誇自傲，統領著萬物卻並不頤指氣使。

你能夠做到這一切，就會眾望所歸，獲得了至高無上的大德。

第五十二章

天下有始，以為天下母。既得其母，以知其子；既知其子，復守其母。沒身不殆。塞其兌，閉其門，終身不勤。開其兌，濟其事，終身不救。見小曰『明』，守柔曰『強』，用其光，復歸其明，無遺身殃，是為『習常』。

天下萬物都有個原始，作為天下萬物的根本。既然了解了天下萬物的根本，也就能夠認識天下萬物了。既然能夠認識天下萬物，再能夠謹守天下萬物的根本，終身也就不會發生危險了。

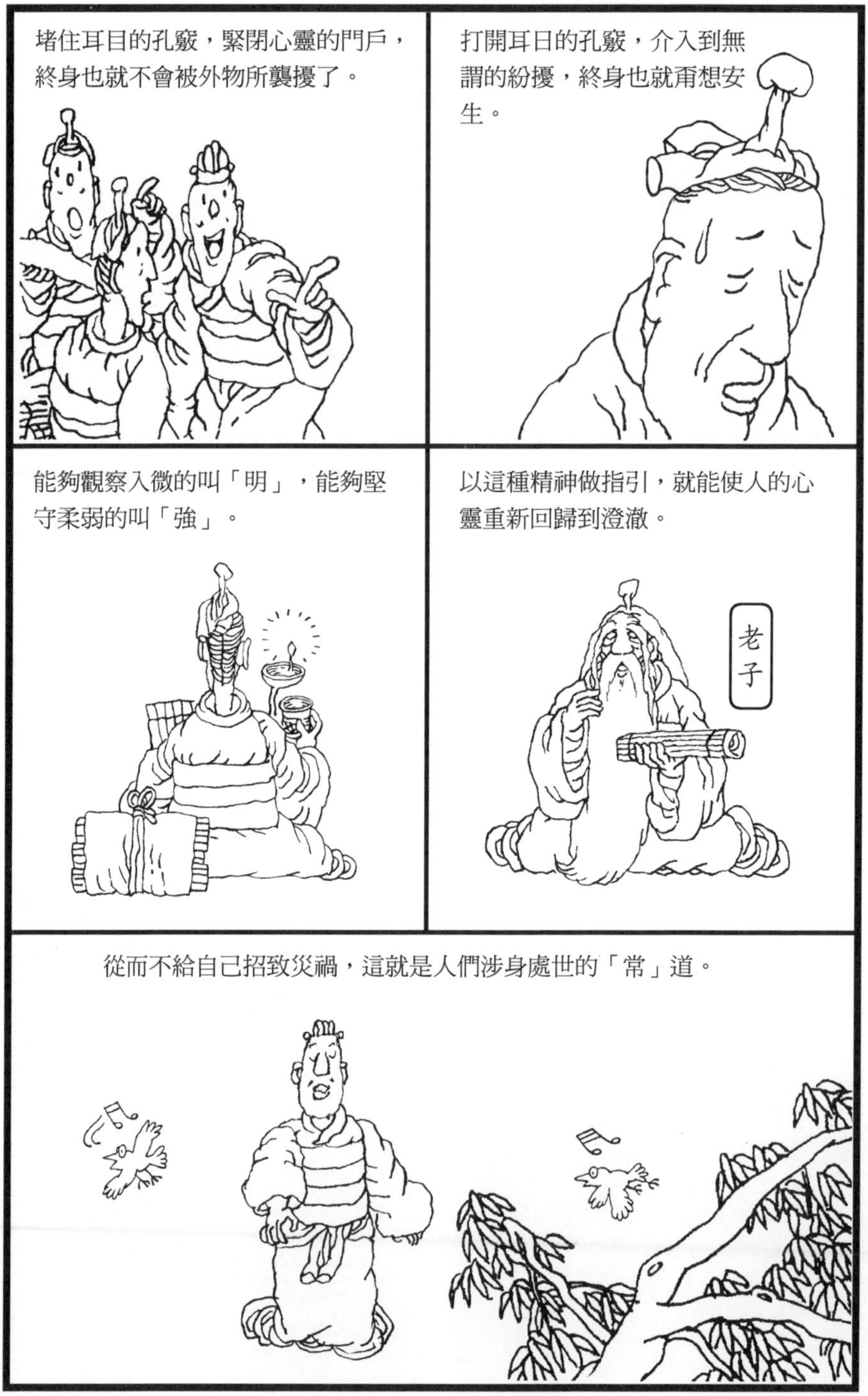
堵住耳目的孔竅，緊閉心靈的門戶，終身也就不會被外物所襲擾了。
打開耳日的孔竅，介入到無謂的紛擾，終身也就甭想安生。
能夠觀察入微的叫「明」，能夠堅守柔弱的叫「強」。
以這種精神做指引，就能使人的心靈重新回歸到澄澈。
老子
從而不給自己招致災禍，這就是人們涉身處世的「常」道。

第五十三章

使我介然有知，行於大道，唯施是畏。大道甚夷，而民好徑。朝甚除，田甚蕪，倉甚虛，服文彩，帶利劍，厭飲食，財貨有餘，是謂盜夸。非道也哉！

哪怕我具有一點兒智慧，都要沿著大道行走，而唯恐走上邪路。大道多麼平坦，可是無道的君王卻偏偏喜歡走小道。

朝政十分整齊，農田卻早已荒蕪，
百姓的糧倉早已虧空，但他仍然衣著華麗，佩戴著鋒利的寶劍，享受著豐美的飲食，個人的財富多得用不完。
這就叫盜魁賊首，他的行為太不符合天道了！

第五十四章

善建者不拔，善抱者不脫。子孫以祭祀不輟。修之於身，其德乃真；修之於家，其德乃餘：修之於鄉，其德乃長；修之於邦，其德乃豐；修之於天下，其德乃普。故以身觀身，以家觀家，以鄉觀鄉，以國觀國，以天下觀天下。吾何以知天下之然哉？以此。

善於構築的人，屋頂不會被大風掀走，長於操守的人，意志不會被世俗誘惑。

一旦做到這樣，那麼世世代代的子孫都將敬仰他。

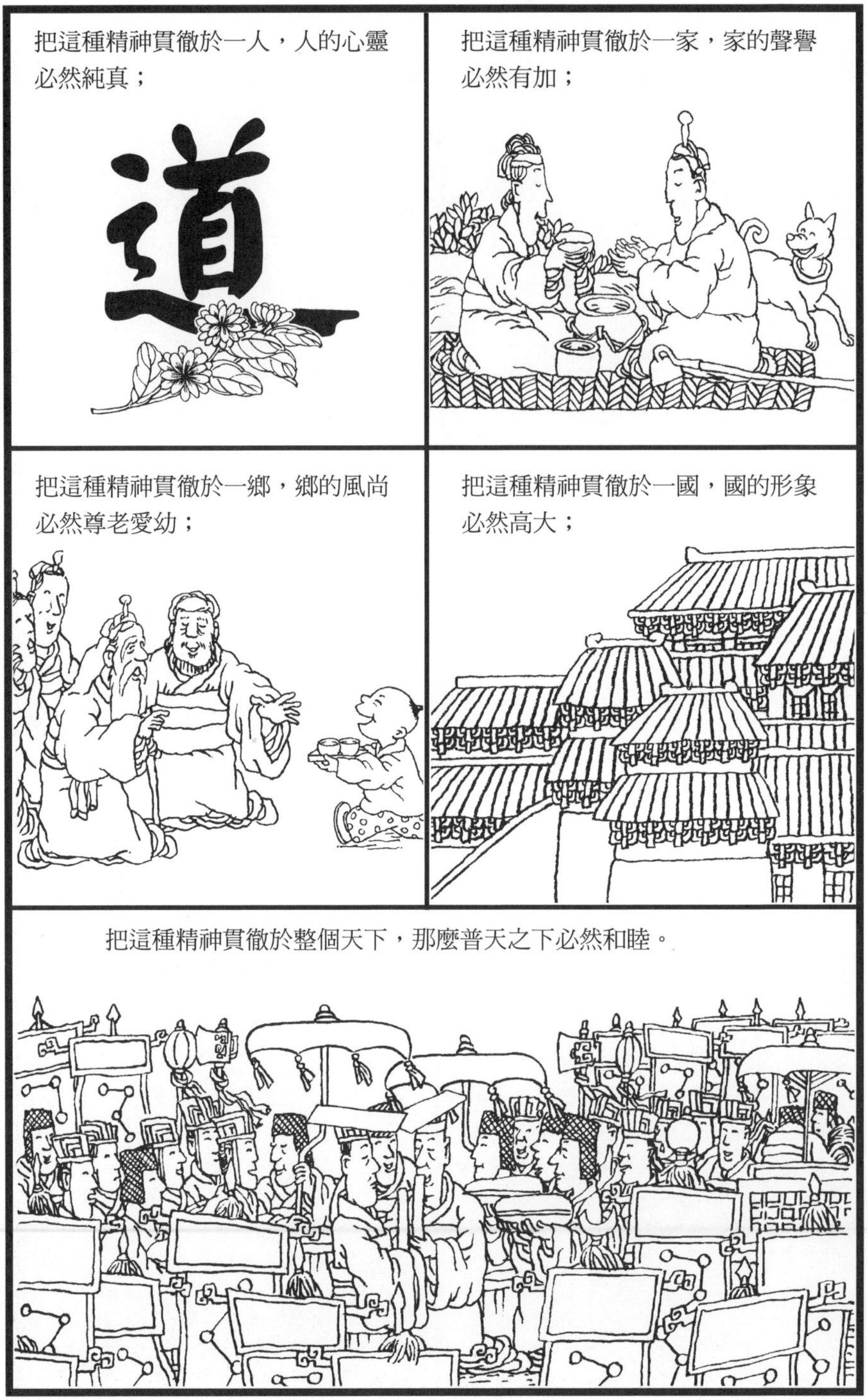
把這種精神貫徹於一人，人的心靈必然純真；
道
把這種精神貫徹於一家，家的聲譽必然有加；
把這種精神貫徹於一鄉，鄉的風尚必然尊老愛幼；
把這種精神貫徹於一國，國的形象必然高大；
把這種精神貫徹於整個天下，那麼普天之下必然和睦。

萬物一理，透過了解自己，就可以體察別人；
透過了解自家，就可以體察他家；
透過了解本鄉，就可以體察他鄉；
透過了解本國，就可以體察別國；
透過了解今天的世界就可以體察未來的天下。我憑什麼能夠掌握這個普遍原理呢？就是用的這個方法。

第五十五章

含德之厚，比於赤子。毒蟲不螫，猛獸不據，攫鳥不搏。骨弱筋柔而握固，未知牝牡之合而峻作，精之至也。終日號而不嗄，和之至也。知和曰常，知常曰明，益生曰祥，心使氣曰強。物壯則老，謂之不道，不道早已。

道德修養深厚的人，心靈有如剛出生的嬰兒。碰到毒蟲不會刺他，碰到猛獸不會咬他，碰到兇禽也不會撲抓他。

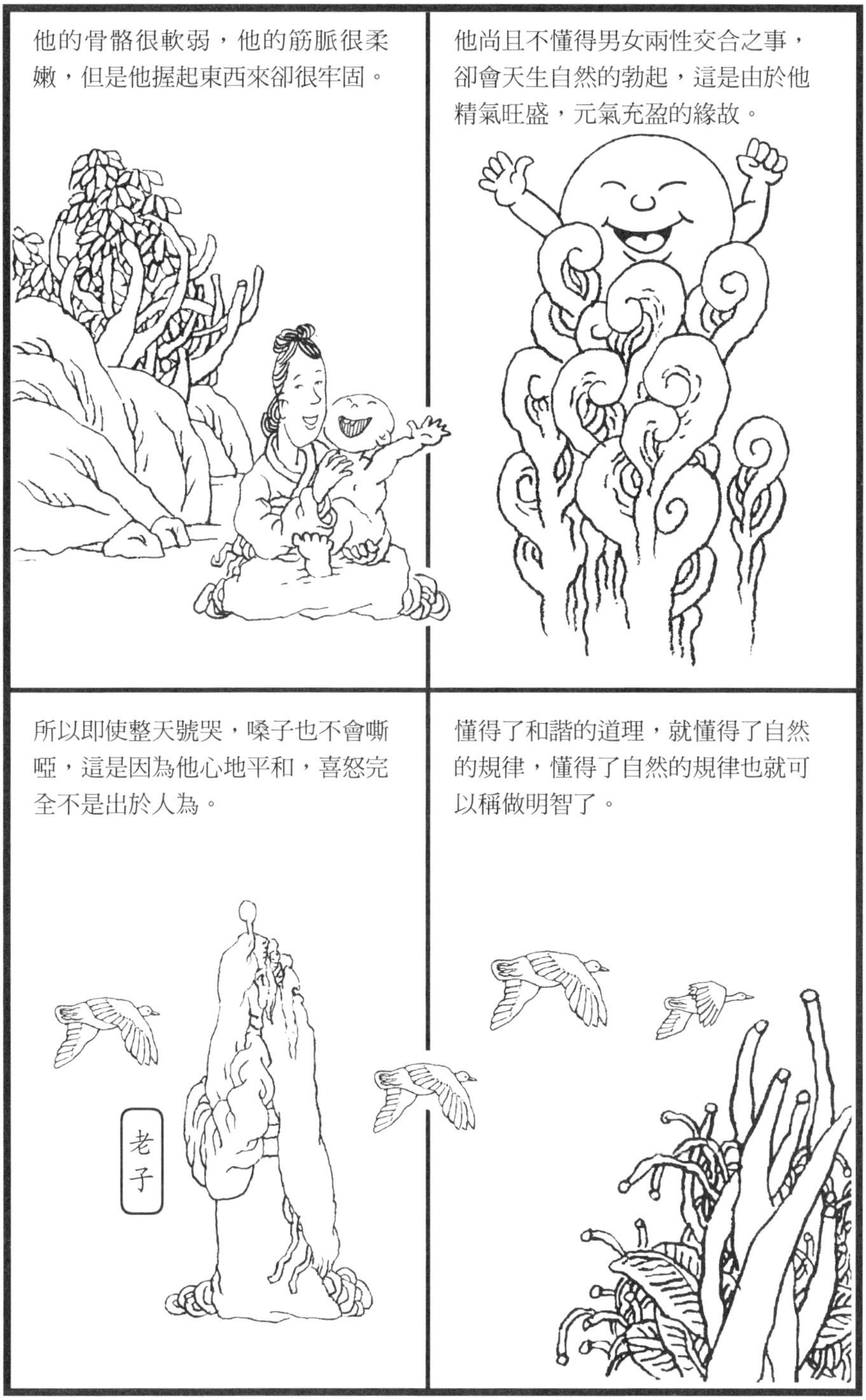
他的骨骼很軟弱，他的筋脈很柔嫩，但是他握起東西來卻很牢固。
他尚且不懂得男女兩性交合之事，卻會天生自然的勃起，這是由於他精氣旺盛，元氣充盈的緣故。
所以即使整天號哭，嗓子也不會嘶啞，這是因為他心地平和，喜怒完全不是出於人為。
老子
懂得了和諧的道理，就懂得了自然的規律，懂得了自然的規律也就可以稱做明智了。

有益於養生的叫「祥」，
祥
放縱欲念的叫逞強。
萬物壯大了就會走向衰老，所以縱欲逞強都是不符合天道的。
不道
不符合天道的事物勢必會過早消亡。

第五十六章

知者不言，言者不知。塞其兌，閉其門，挫其銳，解其紛，和其光，同其塵，是謂『玄同』。

故不可得而親，不可得而疏；不可得而利，不可得而害，不可得而貴，不可得而賤，故為天下貴。

聰明的人從不誇誇其談，誇誇其談的人不聰明。

去掉淺薄的鋒芒，消除無謂的紛擾，遇到光明就與光同在，遇到塵埃就與塵埃混同，做到了這一點，就堪稱最莫測的「同」了。
所以對於達到這種無知無欲境界的人，你既不可能對他親近，也不可能對他疏遠；
既不能使他得到利益，也不能使他受害；既不可能使他尊貴，也不能使他卑賤。
因為他不分親疏貴賤，所以才能成為天下最為尊貴的人。

第五十七章

以正治國，以奇用兵，以無事取天下。吾何以知其然哉？以此！天下多忌諱，而民彌貧；人多利器，國家滋昏；人多伎巧，奇物滋起；法令滋彰，盜賊多有。故聖人云：『我無為，而民自化；我好靜，而民自正；我無事，而民自富；我無欲，而民自樸。』

用光明正大的方法來管理中家，

以正治國
以奇用兵

用奇計詭謀來處置戰爭，

以清靜無為的策略來對待天下。我憑什麼知道是這樣的呢？憑的是以下這些事實：
天下的禁忌越多，百姓就越是貧困；
民間兇器多了，社會治安就會再現問題；

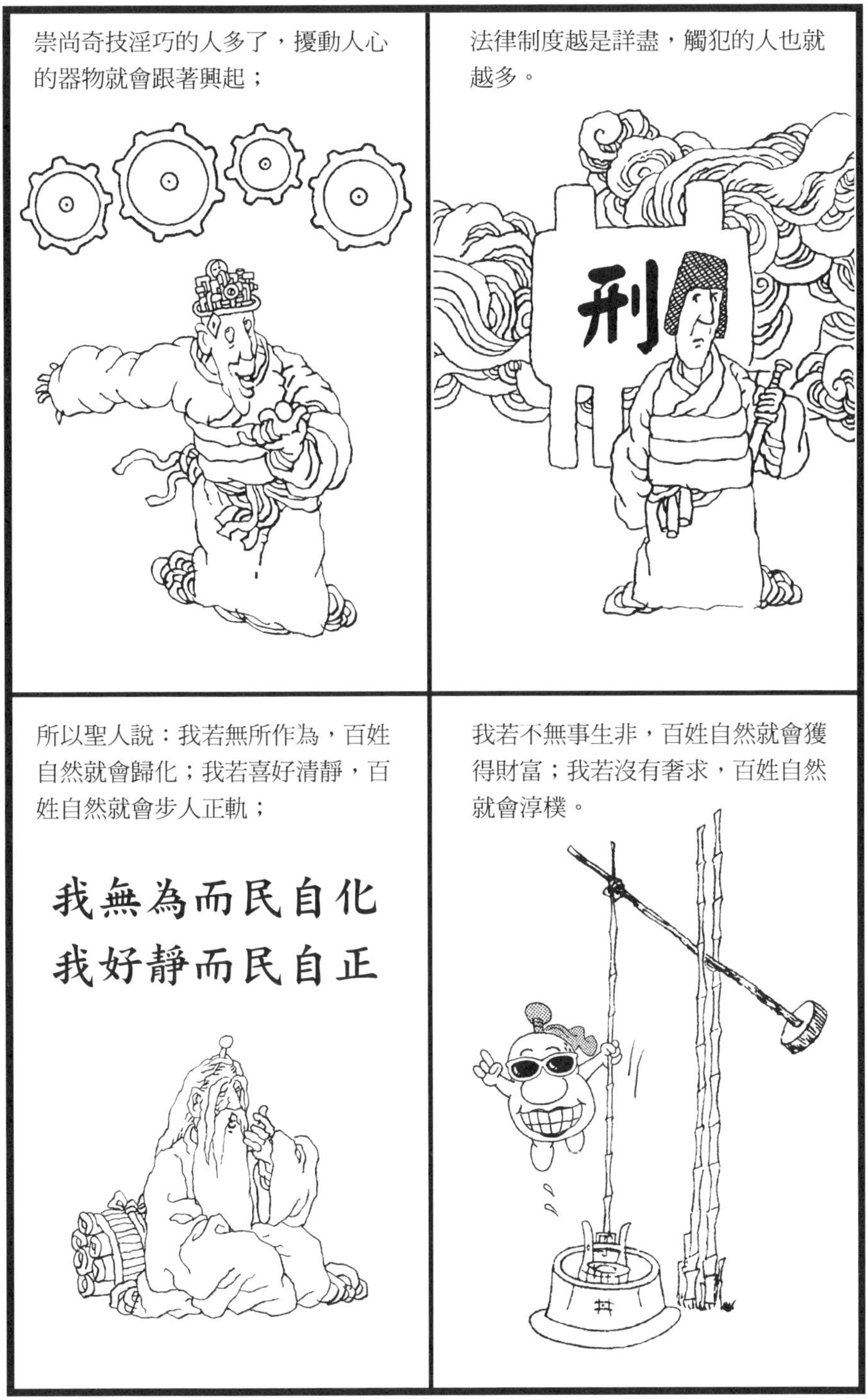
崇尚奇技淫巧的人多了，擾動人心的器物就會跟著興起；
法律制度越是詳盡，觸犯的人也就越多。
刑
所以聖人說：我若無所作為，百姓自然就會歸化；我若喜好清靜，百姓自然就會步入正軌；
我無為而民自化
我好靜而民自正
我若不無事生非，百姓自然就會獲得財富；我若沒有奢求，百姓自然就會淳樸。
井

第五十八章

其政悶悶，其民淳淳；其政察察，其民缺缺。禍兮，福之所倚；福兮，禍之所伏。孰知其極？其無正。正復為奇，善復為妖。人之迷，其日固久。是以聖人方而不割，廉而不劌，直而不肆，光而不耀。

政治上寬鬆，百姓就會淳樸；

又犯事了！
政治上過於嚴苛，民風就會狡詐。

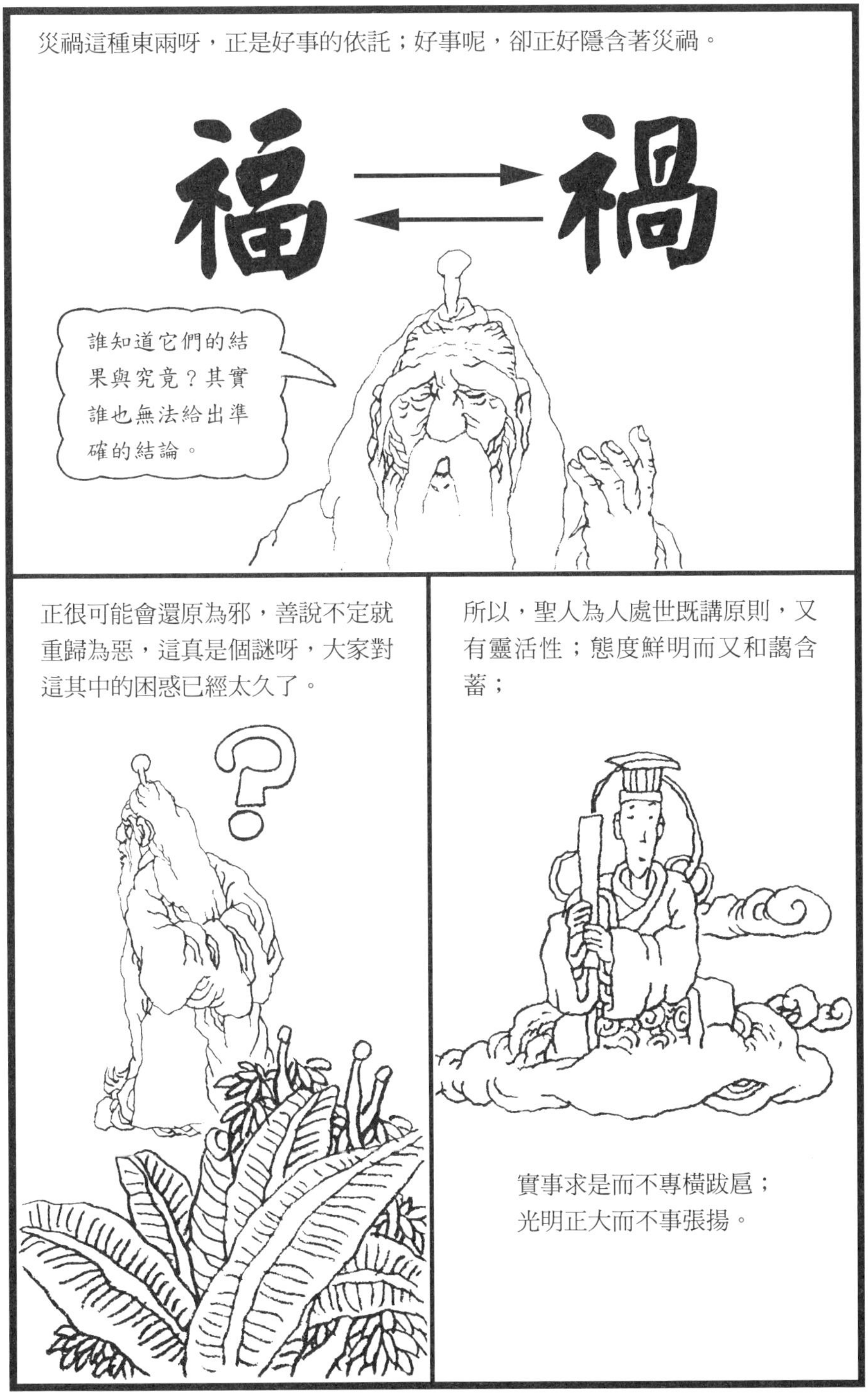
災禍這種東兩呀，正是好事的依託；好事呢，卻正好隱含著災禍。
福
禍
誰知道它們的結果與究竟？其實誰也無法給出準確的結論。
正很可能會還原為邪，善說不定就重歸為惡，這真是個謎呀，大家對這其中的困惑已經太久了。
所以，聖人為人處世既講原則，又有靈活性；態度鮮明而又和藹含蓄；
實事求是而不專橫跋扈；
光明正大而不事張揚。

第五十九章

治人事天，莫如嗇。夫唯嗇，是謂早服。早服，謂之重積德；重積德，則無不克；無不克，則莫知其極；莫知其極，可以有國；有國之母，可以長久。是謂深根固柢，長生久視之道。

管理國家侍奉上天，沒有什麼比節儉更好的了。正因為節儉，才能未雨綢繆。

未雨綢繆，就能加深對「德」的體悟。

加深了對「德」的體悟，就沒有什麼困難不能克服。
德
沒有什麼困難不能克服，就無法估量他能力的極限。
無法估量他能力的極限，就可以肩負起國家的使命。
國家有了治本之道，就可以長治久安了。
深根固柢
根要深，柢要固，這就是長生久存的道理。
老子

第六十章

治大國，若烹小鮮。以道蒞天下，其鬼不神。非其鬼不神，其神不傷人；非其神不傷人，聖人亦不傷人。夫兩不相傷，故德交歸焉。

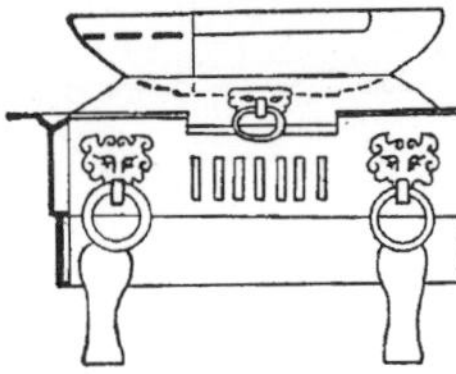

治理大國就好比烹製小魚那樣，不能朝令夕改，經常翻動它。

翻動過多，
小魚就要破碎。

用「道」的法則治理天下，那些別有用心的人就不會出來挑動群眾了。

天下為公

不是那些別有用心的人不出來挑動群眾，而是他們的言論不足以挑動群眾。
不僅那些別有用心的人不去挑動群眾，聖人自己也不會去挑動群眾。
這樣一來。大家和平共處，各得其所，所以「德」可以成為所有人的歸宿。
德

第六十一章

大國者下流，天下之交，天下之牝。牝常以靜勝牡，以靜為下。故大國以下小國，則取小國；小國以下大國，則取大國。故或下以取，或下而取。大國不過欲兼畜人，小國不過欲入事人。夫兩者各得其所欲。大者宜為下。

大國就好比江河的下游，因為地位卑下，所以成為普天之下的交匯點。

大國者下流

雌柔總是用其溫順來制服雄強，就是由於溫順才是歸宿。

所以大國如果對小國謙下，就會取得小國的依附；
小國若能對大國謙下，也可以取得大國的保護；
因此，不論是謙下以取得信服，還是謙下以取得信任。
大國
小國
大國無非是想要小國來做依附，小國無非是想要大國來做靠山，這樣雙方也就都達到了各自的願望。
這其中尤其是大國，更應該表現出應有的謙下。
老子

第六十二章

道者，萬物之奧。善人之寶，不善人之所保。美言可以市尊，美行可以加人。人之不善，何棄之有？故立天子，置三公，雖有拱璧，以先駟馬，不如坐進此道。古之所以貴此道者何？不曰：求以得，有罪以免邪？故為天下貴。

道這個東西，是萬物的主宰。它既是善良人安身立命的法寶，又可以說是不善良人設身處世的底線。

有了它，說出的話語就能獲得大眾的尊重，用它的法則去辦事，就能提高形象。

所以即使是一個兇惡之人，也哪裡有拋棄它的道理呢？
所以冊立天子，設置三公，與其繁瑣地先奉上珍貴的拱璧，後進獻華美的駟馬，還不如簡單地獻上這個道。
自古以來為什麼如此看重這個「道」呢？
老子
不也就是說：道可以使我們有求就會獲得，有罪就能免除嗎？所以道才被天下人看得如此寶貴。

第六十三章

為無為，事無事，味無味。大小多少，報怨以德。圖難於其易，為大於其細。天下難事，必作於易；天下大事，必作於細。是以聖人終不為大，故能成其大。夫輕諾必寡信，多易必多難。是以聖人猶難之，故終無難矣。

以自然的法則去作為，以自然的法則去做事，把恬淡無味的當作最好的味。

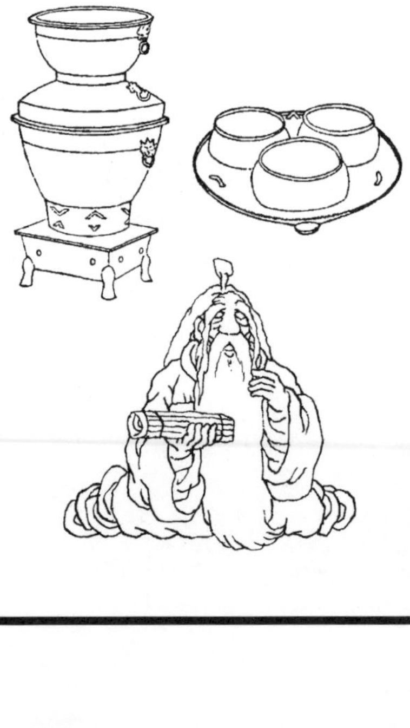

把大當作小，把多當作少，用恩德回報怨恨。

所有的難題，必定是從容易的開始入手的，所有的大事，必定是從細微做起的。
因為聖人從來不妄自尊大，所以反而能夠成就偉大的事業。
輕易允諾的，必定信用不足，把事情看得過分容易的，一定會遭到更多的困難。
oooo
因此聖人不敢輕視任何問題，所以也就始終沒有麻煩。

第六十四章

其安易持，其未兆易謀，其脆易泮，其微易散。為之於未有，治之於未亂。合抱之木，生於毫末；九層之臺，起於累土；千里之行，始於足下。為者敗之，執者失之。是以聖人無為故無敗，無執故無失。民之從事，常於幾成而敗之。慎終如始，則無敗事。

當局面穩定的時候容易維持；當事情還沒有發生顯著變化的時候，改變起它來就比較容易；

脆弱的物品，最容易打碎；
細小的東西，最容易消融。
所以處理問題最好是在它還沒有發生的時候。
治理國家最好是在它還沒有發生動亂之前。
大…大洪水！

就像需兩人合抱的大木，是從細小幼苗長成的。
九層高的樓臺，是由一筐又一筐的土築起的。
千里的旅程，是從第一步走起的。
太造作有為，往往會失敗；執著不放，反而會失去了機會。因此，聖人自然無為，因而不會失敗，沒有執著不放，也就不會失去機會。
許多人做事情，常常在接近成功的時候遭受失敗。其實他要是在最後也能像開始那樣謹慎的話，就一定不會失敗。

第六十五章

古之善為道者，非以明民，將以愚之。民之難治，以其多智。故以智治國，國之賊；不以智治國，國之福。知此兩者，亦稽式。常知稽式，是謂『玄德』。『玄德』深矣，遠矣，與物反矣，然後乃至大順。

井

古代善於以道治國的人，不是用道來啟發百姓的機巧明智，而是以道來教導人民怎樣質樸敦厚。

人民之所以難以治理，就在於他們的機巧明智太多。

所以用機巧明智治國，實在是國家的禍患；
不用機巧明智治國，那才是國家的福祉。
明白了這兩者的差異，也就懂得了國家興衰的法則。
這玄妙至極的「德」既深奧，又久遠，和萬物一起返回它的本原，然後才能達到無往不利。
德
牢記這一法則，就是掌握了玄妙至極的「德」了。

第六十六章

江海所以能為百谷王者，以其善下之，故能為百谷王。是以聖人欲上民，必以言下之；欲先民，必以身後之。是以聖人處上而民不重，處前而民不害。是以天下樂推而不厭。以其不爭，故天下莫能與之爭。

江海所以能夠彙集一切溪流成為百谷之王，是由於它甘處溪谷的下游，所以能夠成為百谷之王。

因而要做百姓的君王，也必須要態度謙卑；要想處在群眾之前做領導，就必須把自身的利益放在群眾之後。

所以聖人居於上位，而大家不感到沉重，處在大家前面，老百姓也不感到妨害。所以天下的人都樂於擁戴他，而不是反對他。

因為他從不與人競爭，所以天下也就沒有誰能夠與他競爭。
老子

第六十七章

夫我有三寶，持而保之：一曰慈，二曰儉，三曰不敢為天下先。慈，故能勇；儉，故能廣；不敢為天下先，故能成器長。今舍慈且勇，舍儉且廣，舍後且先，死矣。夫慈，以戰則勝，以守則固，天將救之，以慈衛之。

我有三件珍寶，一直謹慎地保持著它們：第一是仁慈，第二是節儉，第三是不敢在天下人面前爭先。

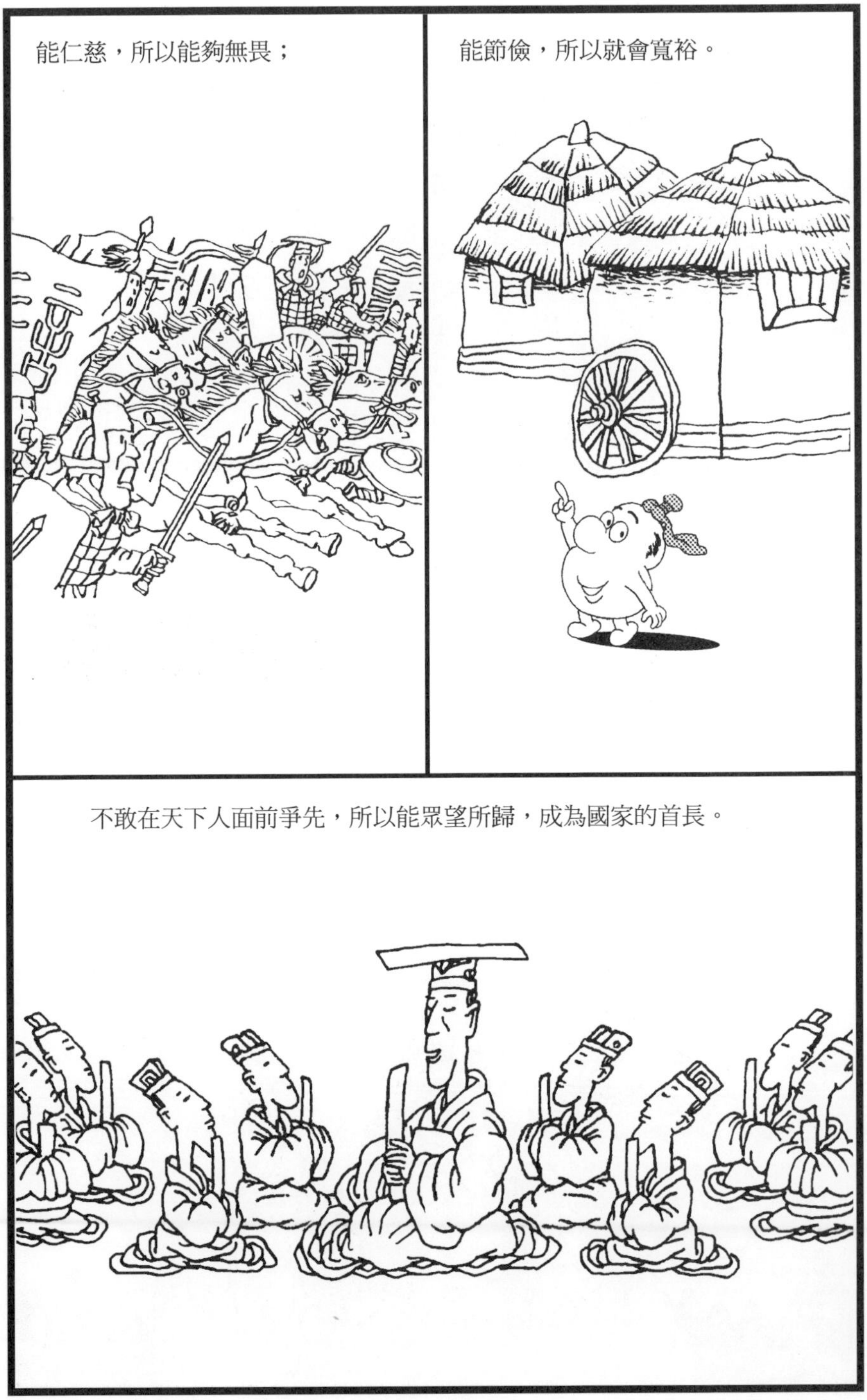
能仁慈，所以能夠無畏；
能節儉，所以就會寬裕。
不敢在天下人面前爭先，所以能眾望所歸，成為國家的首長。

一旦丟掉仁慈，一味鬥勇，捨棄節儉，一味鋪張，不講謙讓，一味爭先，也就註定滅亡。
三寶之中，仁慈最為重要，這個仁慈，用於打仗就能取勝，用於防守就能穩固。
固若金湯
慈
有了仁慈之心，就是老天也會幫助他，衛護他。

第六十八章

善為士者不武；善戰者不怒；善勝敵者不與；善用人者為之下。是謂不爭之德，是謂用人之力，是謂配天，古之極也。

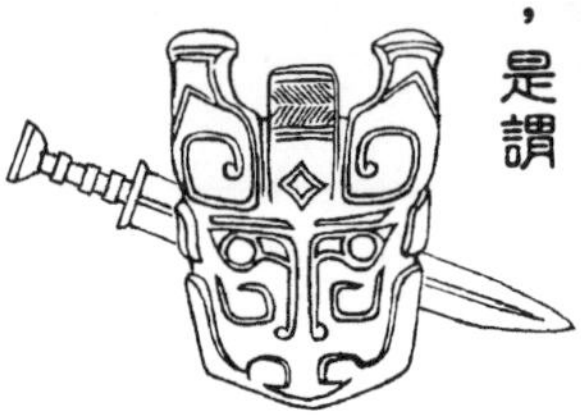

善於做將帥的，不逞其勇武；

善於作戰的，不輕易被激怒；

善於取勝的，不與敵人對攻。

善於用人的，對大家都很謙下。

這就叫做「不爭之德」。「不爭之德」就是調動大家的力量，就是借用事物本身的規律來達到目的，這也是自古以來的最高境界。

不爭之德

第六十九章

用兵有言：『吾不敢為主而為客；不敢進寸而退尺。』是謂行無行，攘無臂，扔無敵，執無兵。禍莫大於輕敵，輕敵幾喪吾寶。故抗兵相加，哀者勝矣。

用兵的人有這樣一句名言：「我不敢主動進犯而寧可被動防禦，不敢貿然前進一寸，而寧可後退一尺。」

這就是要行動而無行動相，出手而又無出手相，執握武器而無武器相，往前進攻而無敵人相。

作戰最大的災禍莫過於輕敵，輕敵就等於喪失了我所依賴的三寶。

所以兩軍相當時，一定是正義在手、悲憤滿腔的一方會獲得最後的勝利。

第七十章

吾言甚易知，甚易行。天下莫能知，莫能行。言有宗，事有君。夫唯無知，是以不我知。知我者希，則我者貴。是以聖人被褐懷玉。

我的話很容易了解，也很容易去照著做。可是天下卻沒有人能理解它，也沒有人照著去做。

我的話都是有所宗旨的，我做的事都是有依據的。
老子
恰恰由於人們不了解這其中的道理，所以也就不了解我。
能夠了解我的人太少了，效法我的人就更是難得。
老子
所以，聖人就好比是外面穿著粗布衣裳，懷裡卻揣著美玉那樣。

第七十一章
知不知，上；不知知，病。夫唯病病，是以不病；聖人不病，以其病病，是以不病。
知道自己知識有限的人，是最明智的。
不懂得自己的知識有限的人，是最愚蠢的。
聖人之所以沒有過失，就是由於他把這種愚蠢當作疾病。
正是由於早已知道愚蠢就是疾病，所以也就沒有過失。
只有那些把這種行為當作疾病的人，才不會這樣愚蠢。
老子

第七十二章

民不畏威，則大威至。無狭其所居，無厭其所生。夫唯不厭，是以不厭。是以聖人自知不自見，自愛不自貴。故去彼取此。

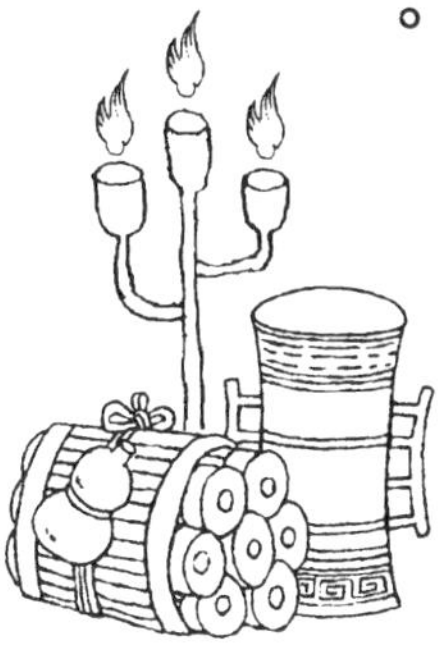

當百姓不再畏懼君主的權威時，那麼可怕的威脅就將到來了。

不要逼迫得人民無處安身，不要壓迫得百姓無法生存。

只有不逼迫鎮壓百姓，才不會遭到大家的厭棄。
正因為這樣，聖人反躬自省了解自己，而不會侷限於己見，誇耀自己，懂得珍愛內在真實的自己，而不為外在的榮華富貴而迷惑。
因此他捨棄「自見」，「自貴」，而選擇「自知」、「自愛」。
老子

第七十三章

勇於敢則殺，勇於不敢則活。此兩者，或利或害。天之所惡，孰知其故？是以聖人猶難之。天之道不爭而善勝，不言而善應，不召而自來，繟然而善謀。天網恢恢，疏而不失。

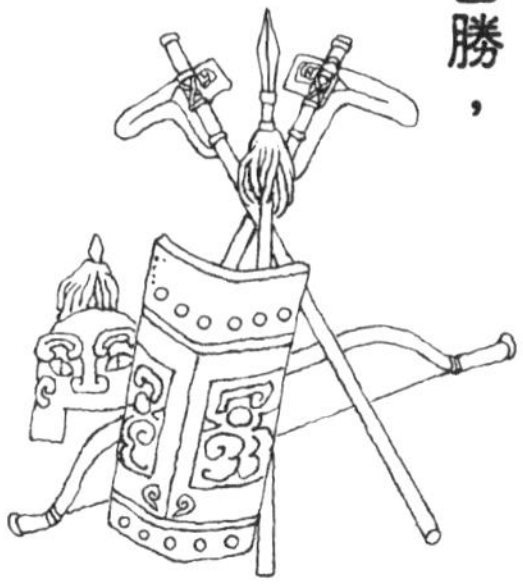

勇於鬥狠逞強的人，一定不得善終，勇於忍讓退卻的人，性命反而能夠保全。

是的！

這兩者都是勇敢，但結果卻是有的受益，有的遭殃。
老子

連老天都厭惡的事，誰又能說得清緣故呢？連聖人也感到困難的事，何況是常人呢？

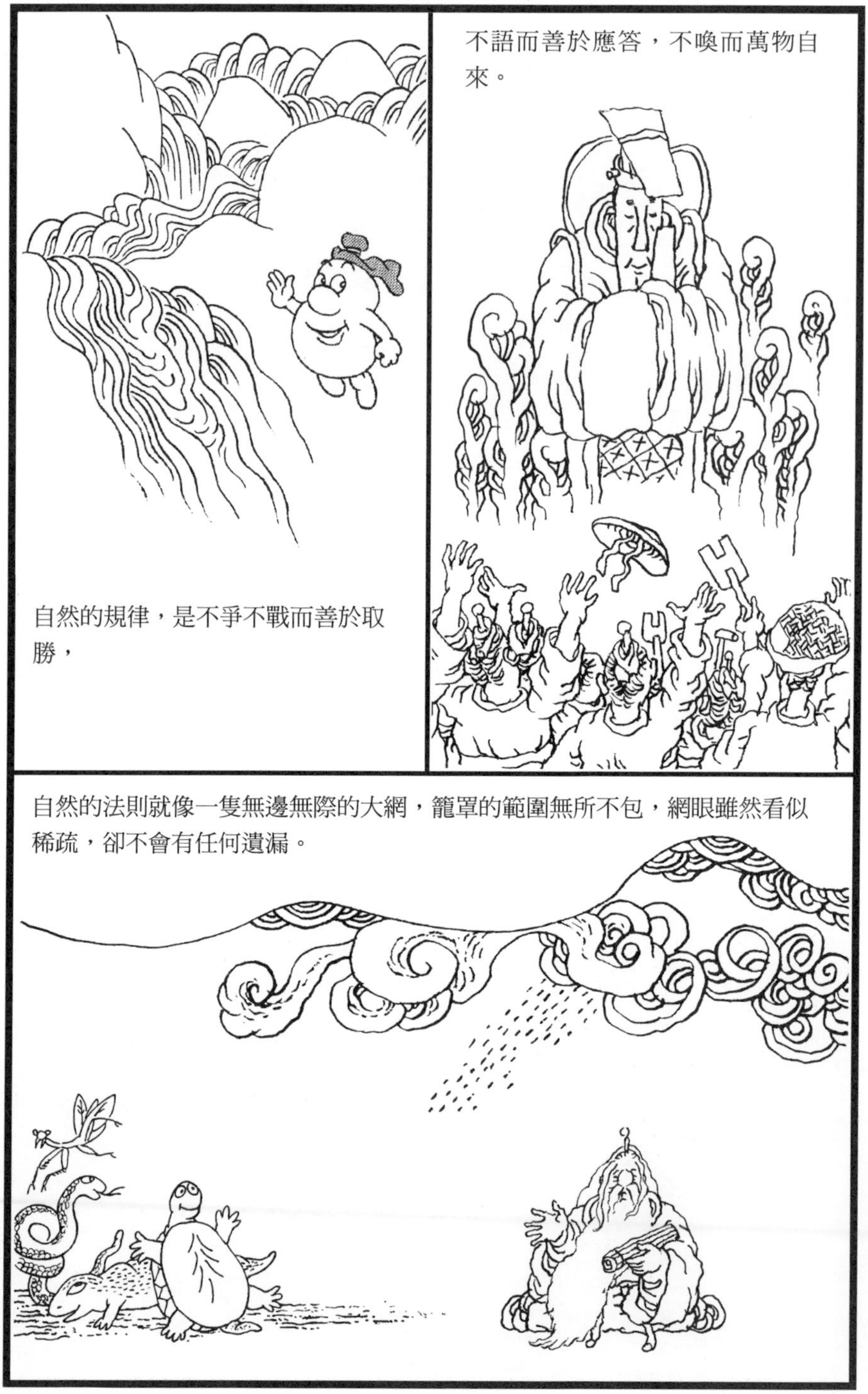
自然的規律，是不爭不戰而善於取勝，
不語而善於應答，不喚而萬物自來。
自然的法則就像一隻無邊無際的大網，籠罩的範圍無所不包，網眼雖然看似稀疏，卻不會有任何遺漏。

第七十四章

民不畏死，奈何以死懼之？若使民常畏死，而為奇者，吾得執而殺之，孰敢？常有司殺者殺，夫代司殺者殺，是謂代大匠斲夫代大匠斲者，稀有不傷其手矣。

如果老百姓被壓迫得連死都不怕了，又怎麼能用死來恐嚇他們呢？

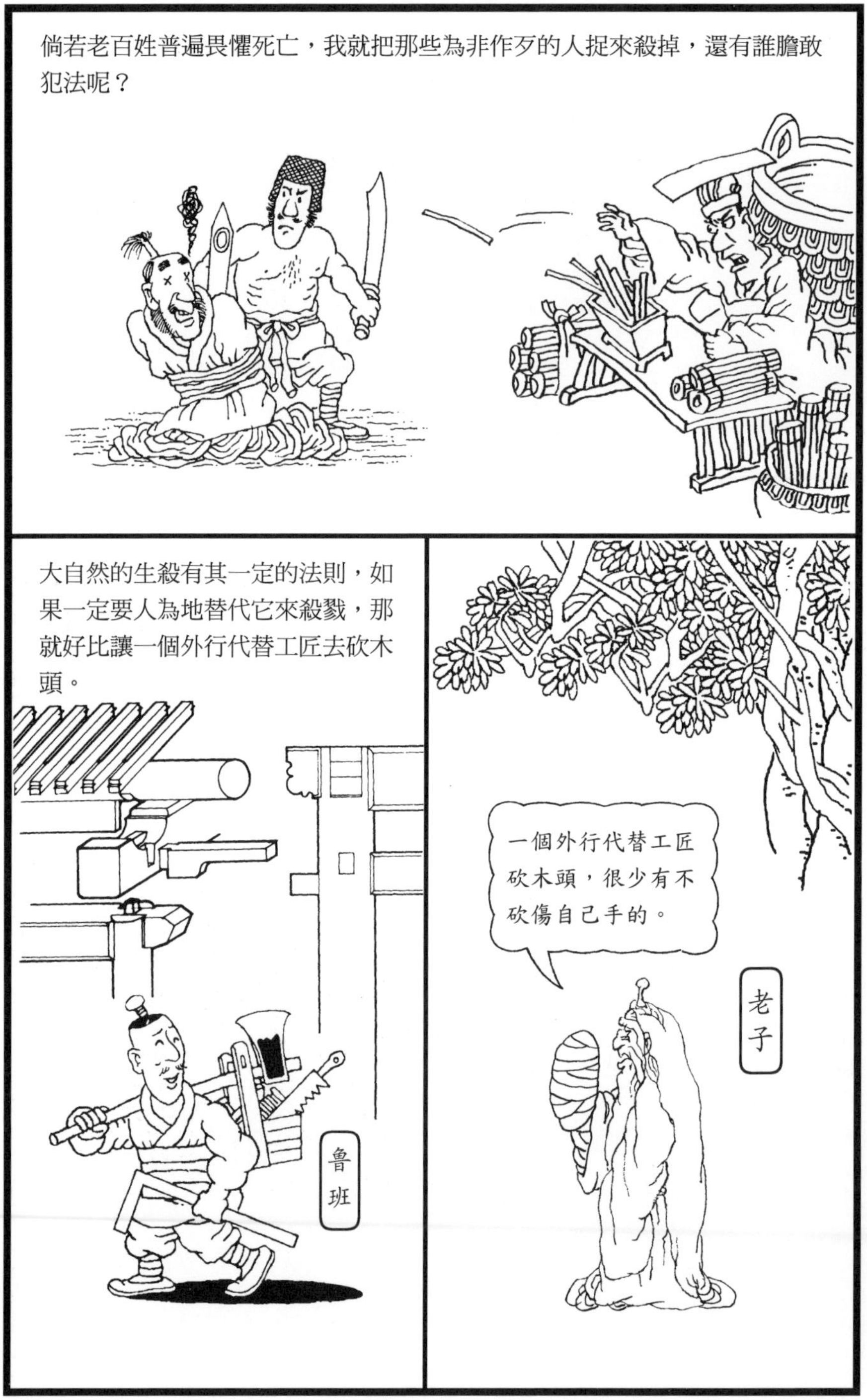
倘若老百姓普遍畏懼死亡，我就把那些為非作歹的人捉來殺掉，還有誰膽敢犯法呢？
大自然的生殺有其一定的法則，如果一定要人為地替代它來殺戮，那就好比讓一個外行代替工匠去砍木頭。
魯班
一個外行代替工匠砍木頭，很少有不砍傷自己手的。
老子

第七十五章

民之饑，以其上食稅之多，是以饑。民之難治，以其上之有為，是以難治。民之輕死，以其求生之厚，是以輕死。夫唯無以生為者，是賢於貴生。

百姓之所以總是忍饑挨餓，是因為上面徵收的稅賦太多了，所以總是忍饑挨餓。

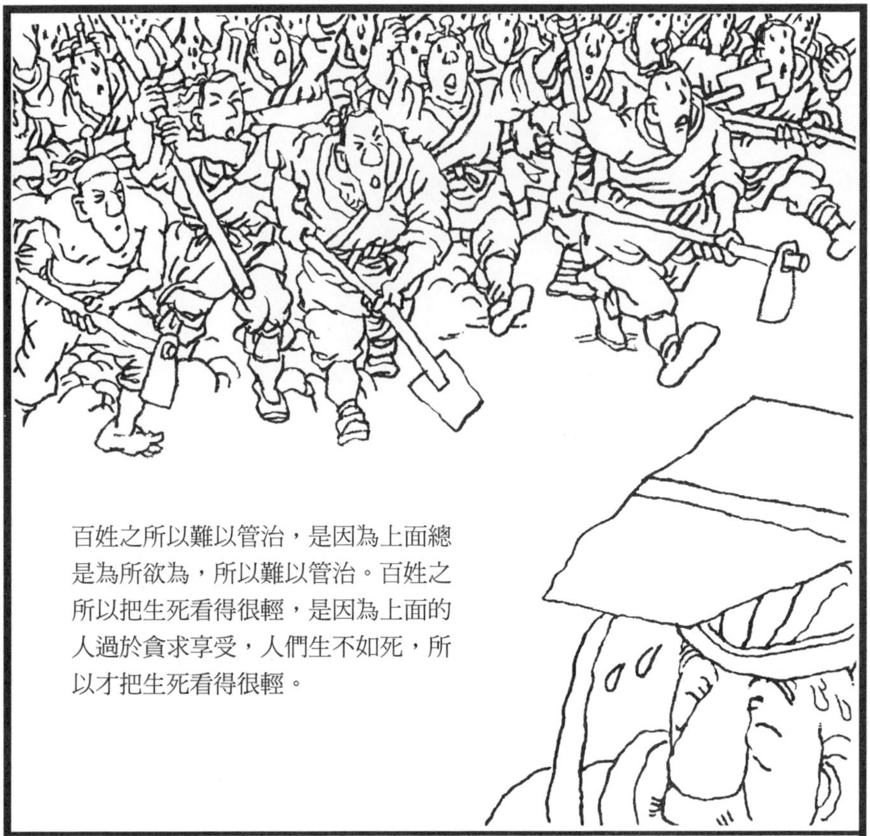
百姓之所以難以管治，是因為上面總是為所欲為，所以難以管治。百姓之所以把生死看得很輕，是因為上面的人過於貪求享受，人們生不如死，所以才把生死看得很輕。

只有把享樂看得很淡的人，才是懂得生活本來意義的賢者。

第七十六章

人之生也柔弱，其死也堅強。草木之生也柔脆，其死也枯槁。故堅強者死之徒，柔弱者生之徒。是以兵強則不勝，木強則共。強大處下，柔弱處上。

人活著的時候，身體是柔軟的，而死後身體就變得僵硬了。

自然界的草木生長的時候，是柔韌脆弱的，而死後就變得乾硬枯萎了。

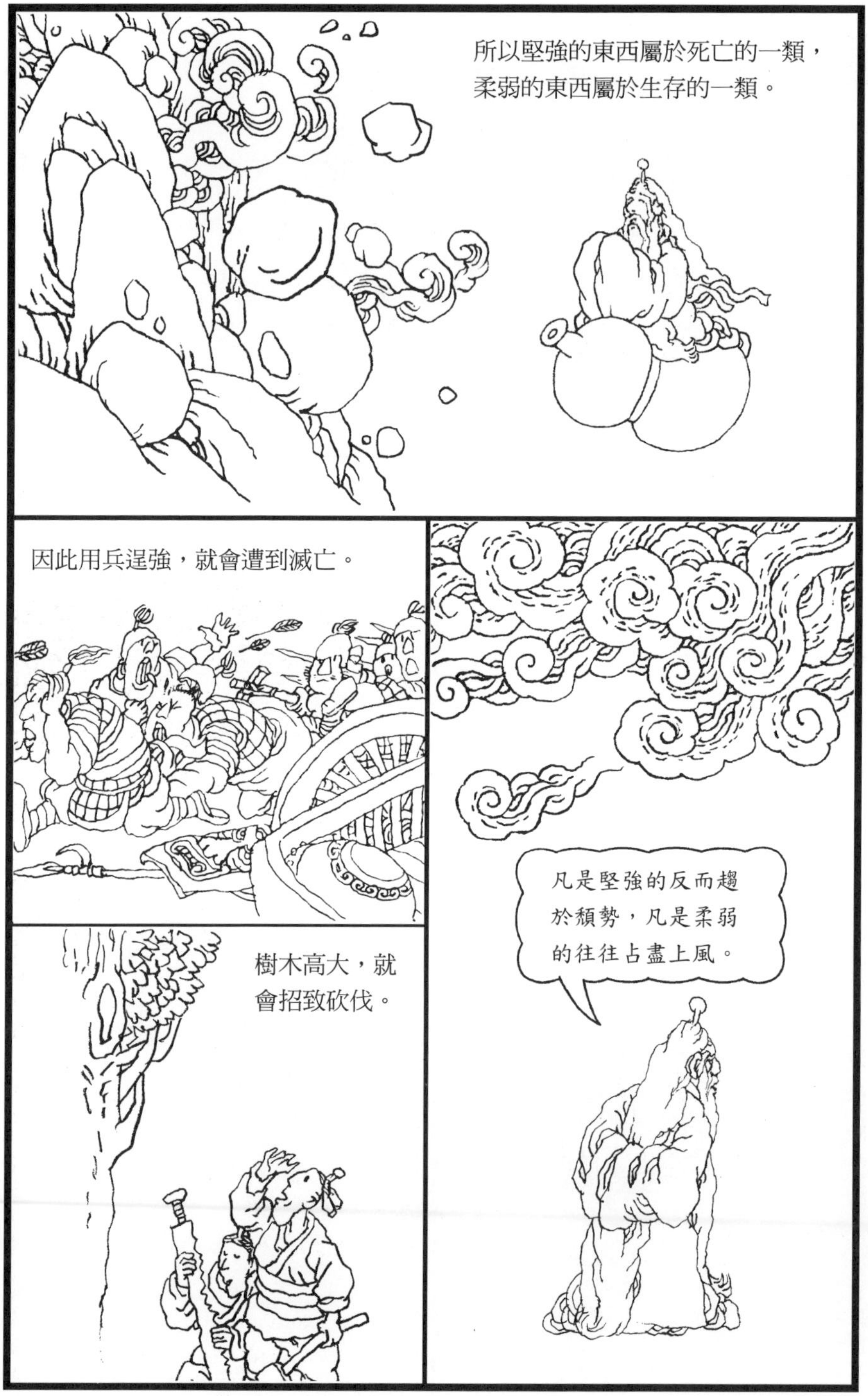
所以堅強的東西屬於死亡的一類，
柔弱的東西屬於生存的一類。
因此用兵逞強，就會遭到滅亡。
樹木高大，就
會招致砍伐。
凡是堅強的反而趨
於頹勢，凡是柔弱
的往往占盡上風。

第七十七章

天之道，其猶張弓與？高者抑之，下者舉之；有餘者損之，不足者補之。天之道，損有餘而補不足。人之道則不然，損不足以奉有餘。孰能有餘以奉天下？唯有道者。是以聖人為而不恃，功成而不處，其不欲見賢。

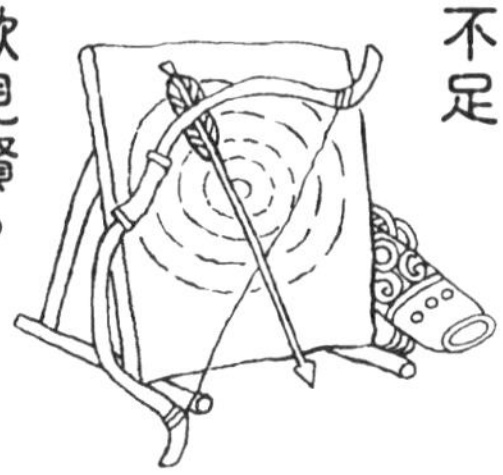

自然的法則難道不就像拉弓放箭嗎？目標高時，就將它壓低一些，目標低時，就把它抬高一些，弓弦太滿，就把它減弱一些，弓弦鬆馳，就把它拉滿一些。
老子

自然的法則，就是減少有餘，用來補充不足。
但人間的法則正好相反，是削減不足來增益有餘。
誰能把有餘的拿出來奉獻給天下呢？只能是懂得「道」的人。
正因如此，聖人為大家做了好事並不驕矜，立下功勳也不居功，他永遠也不彰顯自己有多大的能力。

第七十八章

天下莫柔弱於水，而攻堅強者莫之能勝，其無以易之。弱之勝強，柔之勝剛，天下莫不知，莫能行。是以聖人云：『受國之垢，是謂社稷主。受國不祥，是為天下王。』正言若反。

天下柔弱的東西莫過於水了，但是攻堅克強的能力卻沒有超過水的，這個特點是誰也不能取代它的。

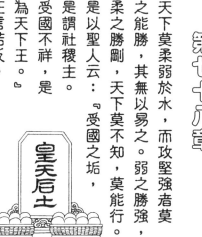

弱能克強，柔能勝剛，普天之下沒有不知道這個道理，卻沒有人能好好去實踐它。
所以聖人說：「能夠蒙受全國的屈辱，才能稱得上國家的主人；
能夠承擔全國的禍難，才能稱得上是國家的君主。」正面的語言卻像是反話。

第七十九章

和大怨，必有餘怨，安可以為善？是以聖人執左契而不責於人。故有德司契，無德司徹。天道無親，常與善人。

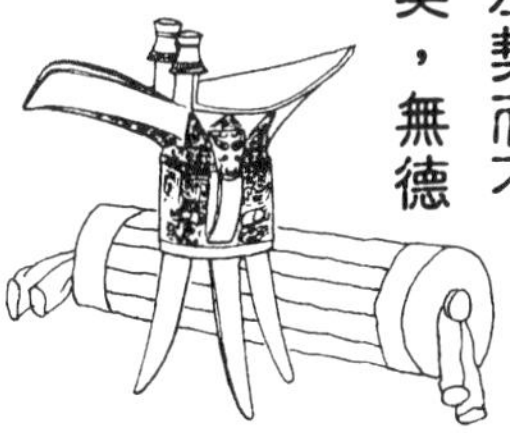

和解了深仇大恨，必定有餘怨，這怎可以說是完善的結局呢？

所以聖人即使握有對方把柄，也不與人對質。
有德的人手握借據，從容和藹，無德的人公事公辦，冷漠無情。
德
自然法則沒有遠近親疏，只佑護有「德」之人。
老子

第八十章

小國寡民，使有什伯之器而不用，使民重死而不遠徙。雖有舟輿，無所乘之；雖有甲兵，無所陳之；使民復結繩而用之。甘其食，美其服，安其居，樂其俗。鄰國相望，雞犬之聲相聞，民至老死不相往來。

國家小，人民少，即使有大型的器械也用不著。

讓大家愛惜生命，而不去冒險遠行。

雖然有車船，卻不需要乘坐它們。

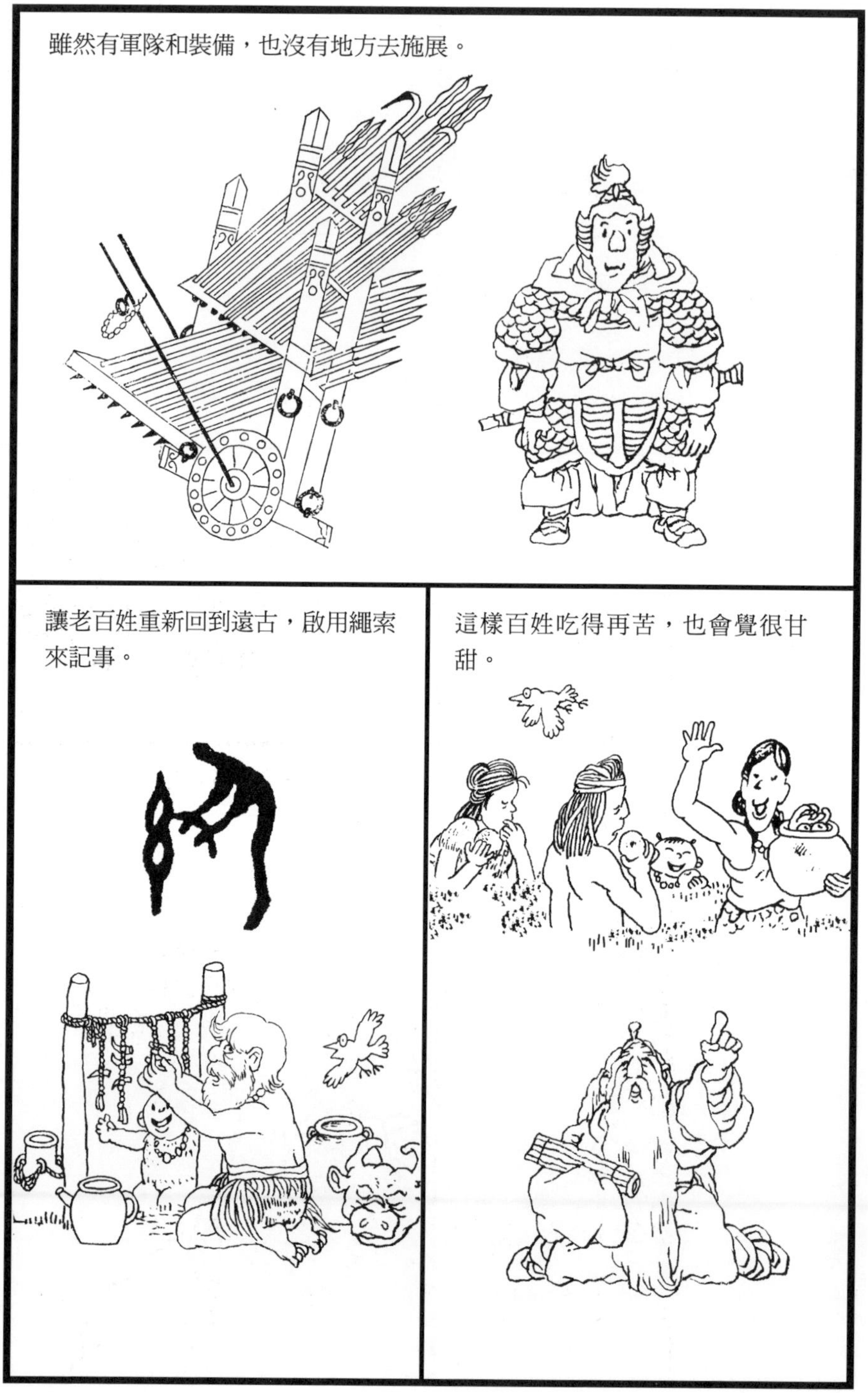
雖然有軍隊和裝備，也沒有地方去施展。
讓老百姓重新回到遠古，啟用繩索來記事。
這樣百姓吃得再苦，也會覺很甘甜。

穿得再差，也會覺得很華美。住得再簡陋，也會覺得很舒適。
風俗再簡樸，也會覺得很快樂。
國與國之間近得可以相互望到，雞鳴狗吠之聲也能彼此聽到，但是百姓之間一直活到老，也無需互相往來。

第八十一章

信言不美，美言不信。善者不辯，辯者不善。知者不博，博者不知。聖人積，既以為人，己愈有；既以人，己愈多。天之道，利而不害；聖人之道，為而不爭。

真實的話不動聽，動聽的話不真實。行為正直的人不巧辯，巧辯的人不正直。

知識淵博的人不喜歡賣弄，喜歡賣弄的人知識不淵博。

聖人無所保留，但他越是給予別人，自己反而越加充實。
他越是把自己的一切給予大家，自己反而越加富有。
自然的規律，是輔助萬物而不妨害它們；聖人的原則，是只管耕耘，而不問收穫。

國家圖書館出版品預行編目資料

漫畫老子道德經 / 周春才編繪．——初版——新北市：
晶冠，2012.07
面；公分．——（薪經典；10）

ISBN 978-986-6211-71-3（平裝）

1. 道德經　2. 漫畫

121.31　　101010350

薪經典系列　10

漫畫老子道德經

作　　者　周春才
副總編輯　張云喬
主　　編　林美玲
美術設計　Alan
出版發行　晶冠出版有限公司
電　　話　02-7731-5558
傳　　真　02-2245-1479
E-mail　ace.reading@gmail.com
部 落 格　http://acereading.pixnet.net/blog
總 代 理　旭昇圖書有限公司
電　　話　02-2245-1480（代表號）
傳　　真　02-2245-1479
郵政劃撥　12935041 旭昇圖書有限公司
地　　址　台北縣中和市中山路二段352號2樓
E-mail　s1686688@ms31.hinet.net
印　　製　福霖印刷有限公司
定　　價　新台幣250元
出版日期　2012年07月 初版一刷
ISBN-13　978-986-6211-71-3